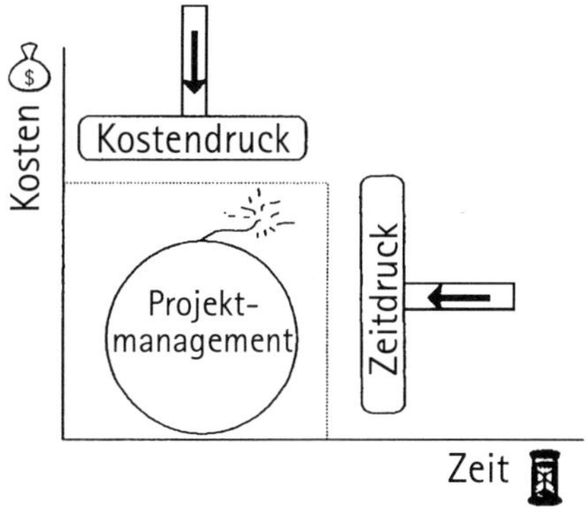

Friedrich-Karl Feyerabend / Nino Grau (Hrsg.)

Aspekte des Projektmanagements

Eine praxisorientierte Einführung

Mit Beiträgen von:
Sandra Bartsch-Beuerlein, Michael Behrens,
Gerhard Bremmer, Michael Buchmann,
Friedrich-Karl Feyerabend, Walter Gierisch,
Nino Grau, Ulrich Hein, Georg Hemmeter,
Roland Ottmann, Margit Wermter

Verlag der Ferber'schen Universitätsbuchhandlung

ISBN: 3-927835-73-0

1. Auflage 1995

Gesamtherstellung: Gahmig Druck Gießen
Printed in Germany

Einleitung der Herausgeber

Immer schnellebigere Märkte, kürzere Produktentwicklungszeiten und Produktlebenszyklen zwingen die Unternehmen zu raschem und flexiblem Handeln. Der Anteil der Routineaufgaben, für die die Organisation oft bestens gerüstet ist, geht zurück. Die Wettbewerbsvorteile sind immer stärker durch Effizienz bei der Umsetzung hochkomplexer, einmaliger Vorhaben zu erringen. In vielen Unternehmen und öffentlichen Verwaltungen hat sich dafür der Begriff des Projektmanagements (PM) eingebürgert.

Vor diesem Hintergrund lag es für die Fachbereiche Sozial- und Kulturwissenschaften sowie Wirtschaftsingenieurwesen und Produktionstechnik der Fachhochschule Gießen-Friedberg nahe, das Thema „Projektmanagement“ als Thema der seit neun Semestern in Friedberg veranstalteten öffentlichen Vortragsreihe aufzugreifen.

Die Reihe wurde in mehrere Blöcke unterteilt. Eröffnet wurde sie durch den Übersichtsvortrag von Nino Grau. Es folgten drei Beiträge über Projektmanagement in mittelständischen Betrieben. Margit Wermter schilderte die typischen Probleme bei der Einführung des PM, Roland Ottman die Erfolge bei der Krisenbewältigung, und Friedrich-Karl Feyerabend ging auf die Grundsatzfragen der Finanzierung ein. Michael Behrens gab schließlich Auskunft darüber, wie mittelständische Unternehmen in den Genuß der Förderung ihrer Projekte durch die EU kommen können.

Im zweiten Block standen verschiedene Funktionsbereiche im Unternehmen bzw. verschiedene Branchen im Mittelpunkt. Walter Gierisch beschäftigte sich mit der Forschung und Entwicklung, Georg Hemmeter mit der Produktion und Gerhard Bremmer mit dem PM in der Baubranche. Sandra Bartsch-Beuerlein stellte in ihrem Vortrag ein Werkzeug für das PM vor - das EDV-Programmpaket ViewPoint.

Die Reihe wurde beschlossen von zwei Beiträgen über internationale Projekte. Ulrich Hein referierte über die Inflationsaspekte und Michael A. Buchmann über die sozio-kulturellen Mißverständnisse in internationalen Projekten.

Der studienfachübergreifende Fachbereich Sozial- und Kulturwissenschaften verfolgt als Veranstalter öffentlicher Vortragsreihen zwei Ziele: Zum einen soll über wichtige Themen aus unterschiedlicher Sicht informiert werden, zum anderen will er damit Repräsentanten des öffentlichen Lebens sowie interessierten Unternehmen der Region ein Forum für das gemeinsame Gespräch schaffen.

Besonderer Dank gilt allen Referenten und Diskussionsteilnehmern, darüber hinaus den Herren Michael Rembold und Frank Stötzel, Studenten desWirtschaftsingenieurwesens sowie Herrn Andreas Böttcher, Student der Produktionstechnik, für ihre Betreuung der Manuskripte und dem Rektor der FH Gießen-Friedberg sowie dem Fachbereich Sozial- und Kulturwissenschaften für die Ermöglichung der Drucklegung.

Friedrich-Karl Feyerabend   Nino Grau

Friedberg, im Mai 1995

Vorwort

Der vorliegende Sammelband zum Rahmenthema „Projektmanagement“ setzt die Publikationsreihe fort, die der Fachbereich Sozial- und Kulturwissenschaften der Fachhochschule Gießen-Friedberg 1993 gestartet hat. Wie die Bücher „Europa 1992“ und „EDV und Recht“ aus den Jahren 1993 und 1994 bündelt auch diese Veröffentlichung Beiträge eines öffentlichen Vortragsprogramms, das inzwischen gute Tradition an der Fachhochschule in Friedberg hat.

Mit „Projektmanagement“ wählten die Veranstalter - die Fachbereiche Sozial- und Kulturwissenschaften sowie Wirtschaftsingenieurwesen und Produktionstechnik - eine Thematik, die als aktuelles Aufgabenfeld von Forschung und Entwicklung einen hohen Stellenwert besitzt.

Die Märkte sind „schnellebiger“ und internationaler geworden. Permanent gilt es, Produkte durch Neu- oder Weiterentwicklungen zu ersetzen. Die Anforderungen an die Innovationsfähigkeit eines Unternehmens wachsen; die Zeitspanne für die Entwicklung eines neuen Produktes oder einer neuen technischen Lösung schrumpft. In dieser Situation trägt effizientes Projektmanagement dazu bei, sich gegenüber der Konkurrenz behaupten zu können.

Bei der Friedberger Vortragsreihe vom Herbst 1994 ging es vor allem darum, mit Blick auf die mittelständische Wirtschaft über Funktionen und Verfahren von Projektmanagement zu informieren und dabei auch konkreten Rat für die betriebliche Praxis zu geben. Diese Schwerpunktsetzung erklärt sich sowohl durch das Thema - beim Projektmanagement besteht gerade im Mittelstand Handlungsbedarf - als auch durch die ökonomische Struktur in Friedberg und der Region. Der begrüßenswerte Wissenstransfer von der Hochschule in die Betriebe wurde also bewußt auf die mittelständisch geprägte heimische Wirtschaft zugeschnitten.

Es wäre im Sinne dieses Transfers, wenn das vorliegende Buch viele Leserinnen und Leser fände. Den beteiligten Fachbereichen danke ich für ihr Engagement. Für das künftige Programm der Friedberger Vortrags- und Schriftenreihe wünsche ich viel Erfolg.

Prof. Dr. Jürgen Hagedorn
Rektor der Fachhochschule Gießen-Friedberg

INHALTSVERZEICHNIS

Prof. Dr. Nino Grau
FH Gießen - Friedberg

Was ist und wozu braucht man Projektmanagement (PM)?

1. Einleitung

Ein Projekt ist nach DIN 69900 definiert als ein Vorhaben, das im wesentlichen durch folgende Merkmale gekennzeichnet ist:

- Die Einmaligkeit der Bedingungen in ihrer Gesamtheit,
- eine Zielvorgabe,
- Begrenzungen zeitlicher, finanzieller, personeller und anderer Art,
- Abgrenzung gegenüber anderen Vorhaben und
- projektspezifische Organisation.

Eine erweiterte Definition verlangt als Merkmale auch noch besondere Komplexität und erhebliches Risiko. Einige der Merkmale können auch relativiert werden. So ist unter „Einmaligkeit der Bedingungen" auch die erstmalige Auseinandersetzung mit einem Problem zu verstehen oder auch die Tatsache, daß ein Problem zwar nicht für das gesamte Unternehmen, dafür aber für die Abteilung einmalig bzw. erstmalig ist. Vereinfacht ausgedrückt kann man sagen: „ Ein Projekt ist keine Routineaufgabe". Daraus ergibt sich, daß die Mitarbeiter kaum die Chance haben, aus gemachten Fehlern zu lernen. Es muß auf Anhieb gelingen (vgl. BRANDSTÄTTER88).

In der sich schnell ändernden Umwelt steigt die Anzahl der Aufgaben, die nach den Methoden des PM gelöst werden müssen, immer weiter an. Insbesondere gilt dies bei der Zunahme folgender Tendenzen:

- Immer mehr werden für Nichteinhaltung der Termine bzw. der Leistungsziele Vertragsstrafen vereinbart.
- Es werden Festpreise auch bei risikoreichen Aufgaben (z.B. Entwicklungsaufträge) erwartet.
- Die Zeiträume für Gewährleistung und Haftung werden immer länger.
- Die Produktlebenszyklen nehmen drastisch ab.

2. Typische Anwendungen des Projektmanagements

Die Methoden des PM sind auf Aufgaben aus allen Teilen des Unternehmens anwendbar. Erfahrungsgemäß gibt es aber Schwerpunkte in Unternehmen, in denen dem PM besondere Bedeutung zukommt (vgl. GRAU94). Im Bereich der Forschung und der Entwicklung neuer Produkte, Verfahren und Werkstoffe kommt es im besonderen Maße auf die Schnelligkeit an. Einerseits strebt man damit die Möglichkeit an, durch Patente die eigene Erfindung zu schützen und den Wettbewerbern den Zugang zum Marktsegment zu erschweren. Andereseits kann man in der Zeit kurzer Produktlebenszyklen schnell auf die Belange des Marktes reagieren und die vom Markt gewünschten Ersatzprodukte in den Markt einführen. Zu diesem Bereich der Technik/Entwicklung/Konstruktion ist auch noch die Konstruktion im Rahmen von Großprojekten hinzuzurechnen.

Im Bereich der Marktaktivitäten ist die Aufgabe „Markteinführung neuer Produkte“ ein typischer Fall für das PM. Neben der Schnelligkeit, die die Phase der Marktabschöpfung verlängert, kommt es hierbei auf eine genaue Abstimmung aller Aktivitäten an. Wer kennt nicht die Situation, daß die Werbung für das neue Produkt auf Hochtouren läuft und die Produktion meldet, daß nicht genug Material disponiert worden ist, um die erfreulich hohe Nachfrage auch befriedigen zu können. Als weitere Aufgaben sind hier noch zu nennen: Bereinigung der Produktpalette, Einführung eines neuen Marketingkonzeptes, Erschließung eines neuen Marktes (z.B. Ausland) usw.

Als drittes wichtiges Gebiet sei das Gebiet der Organisationsarbeit genannt. Schon sehr frühzeitig wurden Methoden des PM bei der Entwicklung und Einführung von DV-Systemen angewendet. Es blieb dann nicht aus, daß diese Methoden auch auf die eine EDV-Einführung begleitenden Organisationsänderungen ausgedehnt wurden. Als weitere Aufgaben sind hier zu nennen: Einführung eines neuen Führungsstils, Vergrößerung/Verkleinerung der Mitarbeiterzahl usw. Besonders sinnvoll ist es, die Einführung des PM selbst zum Projekt zu erklären.

3. Aufgaben des Projektmanagements

Wie bei jeder anderen Managementaufgabe gehört es zum Wesen des PM, zu planen, zu steuern und zu überwachen.

3.1 Planungsaufgaben

Am Anfang jeder Planung steht die Interpretation der Wünsche des Auftraggebers, die nicht selten zu einer Einschränkung oder auch zu einer Erweiterung der ursprünglichen Aufgabenstellung führt. Daraus muß das Ziel für das Projekt eindeutig definiert und dokumentiert werden. Neben der positiven Definition „Was gehört dazu?“ ist es sinnvoll, bei der Definition der Schnittstellen im Zweifelsfalle auch zu definieren, „Was gehört nicht dazu?“. Dadurch wird die Genauigkeit der Definition der Schnittstellen erhöht (vgl. KRÜGER87).

Im nächsten Schritt werden die alternativen Lösungsmethoden und die sich daraus ergebenden Lösungsalternativen dargestellt und um die alternativ einsetzbaren Mittel erweitert. Die Lösungsalternativen werden bewertet, die Mitarbeiter in Schlüsselpositionen („Key-Persons“) identifiziert und ihre Motivation diskutiert (z.B.: „Welches Interesse hat der Leiter der Abteilung Vertrieb/Innendienst daran, daß die Außendienstmitarbeiter das Angebot direkt beim Kunden erarbeiten, indem sie auf ihrem Laptop die Angebotskalkulation durchführen, anstatt sie beim Innenndienst anfordern zu müssen?“). In dieser Phase sollen auch Strategien zur Integration der künftigen Nutzer entwickelt werden.

Eine erste Optimierung bezieht sich auf die Teilziele Leistung, Kosten und Zeit (z.B. lieber nur 90% der am Anfang gewünschten Leistung, dafür aber in halber Zeit zum halben Preis). Eine weitere Optimierung bezieht sich auf den Abgleich der Interessen des Auftraggebers, der Mitglieder im Projektteam und der künftigen Nutzer. Oft ist hier die Konstellation anzutreffen, daß das Team eine 100-prozentige Lösung abliefern will, die künftigen Nutzer zunächst an einer schnellen Abhilfe interessiert sind und der Auftraggeber (z.B. die Geschäftsleitung) ein aus ihrer Sicht „vernünftiges“ Kosten/Nutzenverhältnis anstrebt.

Nachdem die erste Grobplanung erfolgt ist, muß man sich dem Projektrisiko zuwenden. Risikobehaftete Teilaufgaben werden identifiziert und die Methoden der Qualitätssicherung bzw. Maßstäbe zur Leistungsmessung festgelegt.

Danach werden die einzelnen Phasen des Projektes definiert.

Sind nun die Teilaufgaben und die Projektphasen bekannt, wird die Ablaufplanug in Angriff genommen. In Projektstrukturplänen werden die zeitlichen und sachlichen Abhängigkeiten der Teilaufgaben festgestellt und (vorzugsweise grafisch) dargestellt. Aus den Projektstrukturplänen werden dann die detaillierten Netzpläne, Meilenstein- und Kostenpläne entwickelt. Bei entsprechender Komplexität ist es sinnvooll, an dieser Stelle auch die Richtlinien für die Durchführungskontrolle und die Ab- und Inbetriebnahme festzulegen.

Am Ende werden die Teilziele definiert, wobei genaue Leistungsbeschreibungen mit Anfangs- und Endterminen und der Definition der Budgets abgestimmt werden. Die Teilbudgets werden den Kostenstellen/Kostenträgern zugeordnet.

Durch die frühzeitige Absprache des Projektleiters mit den beteiligten Fachabteilungen werden die noch offenen Teilaufgaben herausgearbeitet. Dadurch kann es vorkommen, daß zusätzliche Leistungen von Externen bezogen werden müssen. Die entsprechenden vertraglichen Vereinbarungen werden in diesem Stadium der Planung in den Gesamtplan eingearbeitet.

3.2 Steuerungsaufgaben

Die o.g. Pläne erfüllen ihren Zweck nur dann, wenn sie nicht in die Schublade oder bestenfalls an die nächsthöhere Vorgesetztenebene wandern. Sie müssen vielmehr als Grundlage der Steuerung dienen. Aufgrund der Pläne werden die Entscheidungen getroffen , die in fachliche Anweisungen (Wer macht was, wann, wo, wie ... usw.?). umgesetzt werden. Ist es für das Bearbeiten von Routineaufgaben typisch, daß die Mitarbeiter das tun, wozu sie von ihren Vorgesetzten aufgefordert wurden, so ist das Vorgehen beim Projektmanagement oft wesentlich anders. Durch die Ein-/Erstmaligkeit des Projektes sind auch die Entscheidungswege nicht ausgebildet. Den Linienvorgesetzten fehlt oft die Einsicht in die Notwendigkeit bestimmter Entscheidungen oder das nötige Know-how, die Entscheidung zu treffen oder beides. Für die Projektleiter und für die Projektmitarbeiter ergibt sich die Holschuld, die Entscheidungen an entsprechender Stelle einzuholen. Zu jeder Entscheidung gehört aus o.g. Gründen die verstärkte Pflicht, die Frage zu stellen, ob der Mitarbeiter, dem eine Aufgabe im Projekt übertragen wird, auch die Fähigkeiten dazu besitzt. Oft muß der Projektleiter für das nötige Trainning und die nötige Schulung sorgen, um sicherzustellen, daß seine Anweisungen auch wirklich umgesetzt werden können.

Zu der Leistungsfähigkeit muß natürlich die entsprechende Motivation hinzukommen. Die Motivationsfaktoren sind für Mitarbeiter in Projekten zwar die gleichen wie bei den Mitarbeitern mit Routineaufgaben (richtige Aufgabenzuordnung, genügend Selbständigkeit, Verantwortung usw.). Es gibt aber zwei entscheidende Unterschiede. Zum einen erwartet man von den am Projekt Beteiligten besonders engagiertes Arbeiten, zum anderen kann jede Demotivation zu Handlungen führen, die das Projekt scheitern lassen können. Als Extremfall sei das „Arbeiten nach Vorschrift" genannt, das sicherlich jedes Projekt zum Scheitern bringt.

Neben der Entscheidung und der Motivation gehören zu den Aufgabengebieten der Projektsteuerung noch die Information und Koordination. Die sachliche und terminliche Koordination erfordert i.d.R. regelmäßige Projektbesprechungen, Arbeit in Arbeitskreisen und Konferenzen, aber auch ein sinnvolles Projektberichtssystem. Dazu gehört insbesondere die Dokumentation (Protokolle aller wesentlichen Besprechungen), die allen Beteiligten zugänglich sein muß. Die Dokumentation dient zunächst der Erreichung der Projektziele im eigentlichen Projekt. Sie kann aber auch nach dem Abschluß des Projektes zur Optimierung nachfolgender Projekte herangezogen werden.

3.3 Kontrollaufgaben

Die grundlegenden Fragen im Bereich der Kontrolle sind die nach der Übereinstimmung der tatsächlichen Werte mit den Vorgaben der Planung. Wenn bekannt ist, wann und wo die Abweichungen auftreten, wird insbesondere untersucht, ob bzw. inwieweit diese Abweichungen das Erreichen des Projektgesamtziels beeinträchtigen könnten. Vorrangig werden diese Abweichungen einer Analyse unterzogen.

Grundsätzlich gibt es drei Möglichkeiten, Kontrollaufgaben wahrzunehmen:

1.Die Ergebnisse können zu Fertigstellungsterminen einzelner Aktivitäten abgefragt werden. Dann kann es allerdings zu spät sein für die Korrekturmaßnahmen.

2. Projektmitarbeiter können zu festen Zeitpunkten (wöchentlich, monatlich usw.) „automatisch" berichten.

3. Die Rückmeldung über den Projektfortschritt kann in den regelmäßigen Projektbesprechungen erfolgen, wodurch die Gelegenheit gegeben ist, Aussagen zu erläutern.

Welche Parameter werden nun schwerpunktmäßig überwacht? Es sind dies: die Leistung, die Kosten und die Termine.

Bei der Leistungsüberwachung ergibt sich das Problem der Schätzung des Fertigstellungsgrades, wenn die vorgesehene Dauer einer Tätigkeit länger ist als der Berichtszeitraum. Bei einer Tätigkeit, für die die Laufzeit von 10 Wochen vorgesehen ist, muß nach der ersten Woche geschätzt werden, ob wirklich 10% der Leistung erbracht worden sind, nach der zweiten Woche 20%, usw. Oft schätzen die Mitarbeiter, daß sie nach 50% der Zeit schon 90% der Leistung erbracht haben („90% - finished syndrome"), obwohl sie nur 30 - 40% der Leistung erbracht haben. I.d.R. stellt man am Ende der geplanten Zeit fest, daß die Leistung noch nicht zufriedenstellend ist. Das Problem wird gelöst, indem die Aktivitäten so klein wie möglich geplant werden. Damit wird am Ende des Berichtszeitraums nach objektiven Kriterien festgestellt, ob die Leistung erbracht worden ist oder nicht.

Bei der Kostenüberwachung werden selbstverständlich die „klassischen" Methoden angewendet, wie z.B.: keine Bestellung ohne vorherige Genehmigung/Freigabe, Erfassung/Kontrolle des Bestellobligos bzw. Erfassung der Reservierungen. Die Kosten sollen sinnvoll auf mehrere/viele Teilprojektkostenträger aufgeteilt werden, so daß die Verfolgung der Kostenentwicklung sehr detailliert und zeitnah erfolgen kann.

Welche projektspezifischen Gesichtpunkte ergeben sich bei der Kostenüberwachung im PM?

Aus dem Zeitplan der zu erbringenden Leistung wird der Kostenplan erstellt, d.h. es wird geplant, welche Kosten in welcher Periode (Woche/Monat/Quartal) entstehen werden. Solange die Leistung in der geplanten Art und Weise erbracht wird, macht die Kostenüberwachung wenig Probleme. Es werden die Ist-Kosten mit den geplanten Soll-Kosten verglichen. Der Vergleich kann selektiv für die Zeitperiode oder kumulativ (von Anfang des Projektes bis zum Zeitpunkt der Kontrolle) erfolgen. Die Verfolgung selektiver Kosten ist in den meisten Unternehmen mit üblichen Kostenrechnungssystemen unproblematisch

(Kostenarten/Kostenstellen). Bei den kumulierten Kosten entstehen die Probleme, wenn das Projekt über das Geschäftsjahresende hinausgeht. Die meisten nicht projektbezogenen Kostenrechnungssysteme sehen nämlich nur eine Kostenkumulierung von Anfang des Geschäftsjahres bis zum Datum der Kontrolle („YTD = year to day“) vor. Dieses Problem kann aber mit EDV-technischem Aufwand gelöst werden.

Grundsätzlicher Natur ist die Frage der „Soll-Kosten der Ist-Leistung“. Hierbei geht es darum, daß die Leistung in einem Projekt oft in einem anderen als dem geplanten Zeitraum erbracht wird. Wenn die Leistung vorzeitig erbracht wird, weil z.B. das Personal kurzfristig frei geworden ist, ist dies im Sinne der Terminerreichung für das Gesamtprojekt positiv zu werten. Für die Kostenüberwachung würde dies aber zunächst - bezogen auf den Zeitraum - eine Kostenüberschreitung signalisieren. Analoges Problem ergibt sich, wenn die Kosten (z.B. für das Personal) anfallen, ohne daß der erwartete Projektfortschritt erreicht wird. In diesen Fällen muß durch organisatorische Maßnahmen gewährleistet werden, daß die Kosten nicht nur auf den Zeitraum sondern auch auf die zu erbringende Leistung bezogen werden.

Die Terminüberwachung steht bei vielen Projekten im Vordergrund. Dies sei an einem Beispiel verdeutlicht. Das Unternehmen will an einer wichtigen Messe teilnehmen. Wenn die Kosten um 10% überschritten werden und der Messestand nicht optimal mit Informationsmaterial bestückt ist, kann die Messeteilnahme u.U. immer noch als erfolgreich gelten. Wenn unter Einhaltung der Kosten der optimale Messestand erarbeitet wird, die Arbeiten aber mit einer Verzögerung von 10 Tagen einen Tag nach dem Ende der Messe abgeschlossen sind, ist das Projekt eindeutig gescheitert. Im Vorfeld sollte man sich klarmachen, welche Ursachen zur Terminüberschreitung führen können. Halten die Fremdlieferanten die Termine nicht ein? Werden zusätzlich Arbeiten notwendig - u.U. weil der Auftraggeber nachträglich die Projektziele ändert? Kommen die notwendigen Entscheidungen/Daten zu spät? Waren die Schätzungen der Planung zu optimistisch? Insbesondere muß der Projektleiter die Auswirkungen der Terminüberschreitung erarbeiten.

Es kann sein, daß die Terminüberschreitungen einer Tätigkeit durch einen Zeitpuffer „abgefangen“ werden können ohne Auswirkungen auf andere Tätigkeiten. Es kann aber auch sein, daß diese Verzögerung durch die Einplanung eines Mitarbeiters in mehreren Projekten zu Verzögerungen in einem anderen Projekt führt. Oft wird - vor allen Dingen bei „enger

Planung" - die Verzögerung in einem Teilprojekt dazu führen, daß der Projektendtermin gar nicht oder nur mit Zusatzkosten erreicht werden kann. In allen diesen Fällen kommt es darauf an, daß die Erkenntnisse so schnell wie nur möglich kommuniziert werden, damit rechtzeitig Gegenmaßnahmen eingeleitet werden können.

4. Methoden des Projektmanagements

Die Vielzahl der Methoden des PM auch nur zu benennen, würde den Rahmen dieses Beitrags sprengen. Deswegen seien hier nur einige wenige kurz vorgestellt (vgl. PFEIFFER87).

4.1. Phasenweiser Projektablauf

Viele Kosten, die am Ende eines Projektes sichtbar werden (Ausbesserung, Nacharbeit usw.) können zu diesem späten Zeitpunkt kaum noch beeinflußt werden. Die Erfahrung zeigt, daß sie aber schon in den ersten Tagen verursacht werden (falsche Zieldefinition, falsche Auswahl der PM-Mitarbeiter, des Projektmanagers usw.). Die Abhilfe ist im phasenweisen Vorgehen zu suchen. Dabei wird das Projekt in Abschnitte/Phasen unterteilt, die die Komplexität verringern. Für jede Phase werden eigene Ziele definiert, adäquate Methoden ausgewählt und ggf. von Phase zu Phase unterschiedliche Verantwortliche benannt (vgl. SCHELLE89).

4.2. Strukturanalyse

Um die Komplexität zu verringern, werden Projekte in Unterprojekte bis hin zu einzelnen Tätigkeiten gegliedert. I.d.R. geht man dabei nach dem Objekt- oder Funktionsprinzip vor. In der Praxis werden sinnvolle Kombinationen beider Prinzipien angewendet.

4.3 Netzplantechnik

Die Netzplantechnik ist eine Methode, zeitliche Zusammenhänge zu erfassen und zu optimieren (vgl. BARTSCH-BEUERLEIN, in diesem Band). Da sie recht früh entstanden ist und ein wesentliches Problem des PM nämlich das Termin- und das Ressourcenmanagement sehr gut unterstützt, wird sie oft - fäschlicherweise - mit dem Begriff des PM gleichgesetzt.

4.4 Projektinformation

Da in den Projekten schnell reagiert werden muß, kommt der richtigen Informationspolitik sehr hohe Bedeutung zu. Die i.d.R. überdurchschnittlich gut ausgebildeten Projektmitarbeiter legen großen Wert auf umfassende Information. Nicht selten wählen sie die Mitarbeit im Projekt, um sich in ein fremdes Fachgebiet einzuarbeiten. Über den primären Wert als Hilfsmittel im Projekt hat hier die Information auch den Motivationscharakter (vgl. MADAUS90, S. 283ff).

Die Informationspolitik im Projekt muß heißen: „Lieber etwas zu viel Information als zu wenig, und zwar für alle Beteiligten."

5. Organisationsstruktur

5.1 Linienorganisation

Die Verantwortung wird dem Linienvorgesetzten (z.B. dem Abteilungsleiter) übertragen. Die Mitglieder des Projektteams sind größtenteils seine Mitarbeiter. Es ist möglich, daß auch Mitarbeiter anderer Abteilungen zu einem relativ geringen Anteil im Projekt mitarbeiten. Die Vorteile dieser Organisationsform sind: klare Kompetenzen, kurze Informationswege, eindeutige Weisungen, usw. Als Nachteil ist zu nennen, daß bei großen Projekten, die mehrere Abteilungen gleichermaßen betreffen, der Projektleiter nicht immer neutral ist und die Kompetenzprobleme mit anderen Abteilungsleitern den Koordinationsaufwand erhöhen.

5.2 Projektleitung im Stab

Die Projektverantwortung wird in eine Stabstelle (z.B. Assistent der Geschäftsleitung) gelegt. Bei entscheidungsintensiven Projekten ergibt dies den Vorteil der kurzen Wege zum obersten Management. Der Vorteil schneller Entscheidung „von oben" kann allerdings zunichte gemacht werden durch die Tatsache, daß der Projektleiter aus der Stabsabteilung keine direktunterstellten Mitarbeiter hat. Auf die Mitglieder im

Projektteam bzw. auf deren Vorgesetzte kann er nur durch Überzeugungsarbeit einwirken. Die Organisationsform steht und fällt mit der Eigenschaft des Projektleiters, „starke Persönlichkeit" zu sein.

5.3 Projektorientierte Linienorganisation

In dieser Organisationsform werden alle für das Projekt wichtigen Mitarbeiter aus ihren bisherigen Verwendungen herausgelöst und dem Projektleiter unterstellt (typisches Beispiel: Bau eines Kraftwerkes im Ausland mit einer Projektdauer von 5 Jahren). Aus der Sicht des Projektleiters ist dies die ideale Form, die die Vorteile der o.g. beiden Organisationsformen verbindet. Die Organisationsform ist aber nur bei großen Projekten anwendbar, bei denen die Mitarbeiter keine weiteren Aufgaben außerhalb des Projektes behalten. Ein Problem stellt auch die Wiedereingliederung der Mitarbeiter nach Abschluß des Projektes. Hier müssen klare Regelungen einer möglicherweise einsetzenden Demotivation vorbeugen.

5.4 Matrixorganisation

Der Projektmitarbeiter wird gleichzeitig seinem Linienvorgesetzten und einem (oder u.U. sogar mehreren) Projektleiter(n) unterstellt. Dem Vorteil besonderer Flexibilität steht eindeutig der Nachteil der Doppelunterstellung (Konkurrenz der Vorgesetzten) gegenüber. Wenn im Unternehmen keine Erfahrung mit der Matrixorganisation vorhanden sind, sollte ihr Einsatz in Projekten besonders sorgfältig erwogen werden.

6. Projektleitung

Der Projektleiter entscheidet wesentlich über Erfolg oder Mißerfolg des Projektes. Er muß die fachliche Qualifikation besitzen, um die fachliche Lösung zumindest zu verstehen bzw. Lösungsvorschläge hinterfragen zu können. Darüber hinaus muß er natürlich die Methode des PM beherrschen. Zu diesen fachlich/methodischen Fähigkeiten müssen aber noch soziale/kommunikative Komponenten hinzukommen. Er muß motivationsstark sein und eine positive Einstellung zur Teamarbeit haben. Er muß entscheidungsfreudig aber auch sensibel für die Belange der Mitarbeiter sein. Ebenso muß er gerne delegieren. Mit einem Wort - der

Projektleiter müßte eigentlich der beste Vorgesetzte sein, den das Unternehmen hat! Die Wahl des optimalen Projektleiters scheitert leider oft daran, daß die Vorgesetzten die Bedeutung des Projektleiters unterschätzen. Aber auch wenn die Bedeutung und die Anforderungen richtig eingeschätzt werden, kann es Probleme geben. Die Mitarbeiter in Vorgesetztenfunktion verlassen nur ungern die schon erreichte Sprosse der Karriereleiter. Auch das Unternehmen will oft nicht auf eine gute Führungskraft in der Linie verzichten. Der einzige Weg ist dann die Einstellung eines Projektleiters, in der Hoffnung, daß er sich schnell in die Probleme einarbeiten kann. Eine andere Möglichkeit besteht darin, die Projektleitung einem Externen (z.B. Unternehmensberater) zu übertragen.

7. PM-Einführung im Unternehmen

Neben den in den vorangegangenen Kapiteln erwähnten Problemfeldern ist bei der Einführung des PM besonders darauf zu achten, daß das PM die Machtverhältnisse im Unternehmen verändert. Die Linienvorgesetzten (u.U. bis hinauf zur Geschäftsleitung) können aus Angst vor Macht-/Autoritäts-/Privilegienverlust bewußt oder unbewußt die PM-Einführung hintertreiben. In diesem Falle hilft nur das coaching durch einen externen Berater (vgl. HERTZEL89, PLATZ89).

8. Kosten/Nutzen des PM

Die Frage nach den Kosten des PM kann erst dann beantwortet werden, wenn klar ist, wie detailliert geplant, gesteuert und überwacht werden soll. Hinzu kommt die Frage, wie stark die in Kapitel 7 genannten Widerstände sind bzw. inwieweit die Mitarbeiter fähig und bereit sind, die alten Denk- und Organisationsstrukturen zugunsten von PM-Strukturen aufzugeben. I.d.R. kann aber von 1-2% (max. 5%) der Gesamtprojektkosten als Kosten für das PM ausgegeben werden. Auf der Nutzenseite steht der monetäre und der nichtmonetäre Nutzen. Zum monetären Nutzen zählen dabei z.B.: die Vermeidung von Vertragsstrafen, Vermeidung der Kostenexplosion (Wer hat noch nichts von Vorhaben gehört, die am Ende 30%, 50% oder noch mehr über den geplanten Kosten gelegen haben?), Vermeidung von Zusatzkosten (z.B. Überstunden in der „heißen Phase") usw.

Zum nichtmonetären Nutzen zählen Vorteile wie z.B.: Einhalten von K.O.-Terminen (Messevorbereitung, Angebotsabgaben, usw.), Vermeiden von Imageverlusten usw.

Die Erfahrung zeigt, daß schon der monetäre Nutzen um ein Mehrfaches die Kosten übersteigt. Den nichtmonetären Nutzen bekommt man als Geschenk hinzu (vgl. HEINTEL/KRAINZ88 ; S: 234ff).

9. Zusammenfassung

Das Projektmanagement ist eine Methode, mit der beim Vorliegen der o.g. Vorraussetzungen erhebliche Wettbewerbsvorteile zu erzielen sind. Zu beachten ist, daß diese Methode vom Management (insbesondere auch von der obersten Ebene) auch gewollt sein muß.

10. Literaturverzeichnis

BRANDSTÄTTER88
Brandstätter, G., Synek, H.: Fehler im Projektmanagement, in: zfo Zeutschrift Führung + Organisation 6/1988 (S.394 - 398), Fachverlag für Büro- und Organisationstechnik, Baden-Baden 1988

GRAU94
Grau, N.: Projektmangement für den Mittelstand, in: Wirtschaft - Das Magazin der IHK Friedberg, Heft 9/94, S. 8 - 10

HEINTEL/KRAINZ88
Heintel, P., Krainz, E.E.: Projektmanagement, Gabler-Verlag, Wiesbaden 1988

HIRZEL89
Hirzel, M.: Zur Einführung des Projektmanagements, in: Zeitschrift Führung + Organisation 6/1989 (S. 388 - 391), Fachverlag für Büro- und Organisationstechnik, Baden-Baden 1989

KRÜGER87
Krüger, W.: Problemangepaßtes Management von Projekten, in: zfo Zeitschrift Führung + Organisation 4/1987 (S. 207 - 216), Fachverlag für Büro- und Organisationstechnik, Baden-Baden 1987

MADAUSS90
Madauss, B. J.: Handbuch Projektmanagement, C.E. Poeschel-Verlag Stuttgart 1990

PFEIFFER87
Pfeiffer, P.: Methoden und Techniken des Projektmanagements - eine empirische Untersuchung über Einsatzbedingungen sowie Anwendungsvorteile und -probleme in: zfo Zeitschrift Führung + Organisation 4/1987 (S. 227 - 232), Fachverlag für Büro- und Organisationstechnik, Baden-Baden 1987

PLATZ87
Platz, J.: Projektmanagement erfolgreich einführen in: zfo Zeitschrift Führung + Organisation 4/1987 (S. 217 - 225), Fachverlag für Büro- und Organisationstechnik, Baden-Baden 1989

SCHELLE89
Schelle, H.: Symposium phasenorientiertes Projektmanagement, Verlag TÜV Rheinland, Köln 1989

Margit Wermter
Vorstandsmitglied der Gesellschaft für Projektmanagement

Typische Fehler bei der Einführung von Projektmanagement in mittelständischen Unternehmen

1. Ausgangslage

„Da habe ich nun so ein teures Terminplanungs-System angeschafft, und trotzdem bringen die es nicht fertig, die Aufträge fristgerecht zu erledigen," hat sich kürzlich der Inhaber eines Kunststoffverformungsbetriebes einem Kollegen gegenüber beim Unternehmerstammtisch entrüstet.

„Das taugt doch alles nichts!" hat sein Gesprächspartner darauf erwidert. „Wir haben uns sogar von einer Unternehmensberatung ein Handbuch für den Projektablauf erstellen lassen, damit jeder Beteiligte Bescheid weiß, wie Projekte abzuwickeln sind. Das Geld hätte ich mir sparen können!"

Projekte, die quer zur Hierarchie und abweichend vom Normalbetrieb laufen, sollen es Unternehmen ermöglichen, schneller, flexibler und leistungsfähiger auf die betrieblichen Umweltanforderungen reagieren zu können.

Doch das Projektmanagement stößt dabei oft auf Widerstand.

Was sind die Ursachen?

Der Einsatz von Projektmanagement kann etliche Nachteile und Schwierigkeiten mit sich bringen, über die es sich schon vorher lohnt nachzudenken.

Wendet man Projektmanagement richtig an, gibt es keine Gründe, die dagegen einzuwenden wären. Aber hier liegt genau das Problem: Richtig anwenden bedeutet ja längst nicht, lediglich nur einige neue Formulare in Umlauf zu bringen, die Mitarbeiter zum Einhalten von taufrisch ausgeklügelt erdachten Ablaufregeln anzuhalten oder gar ein Terminplanungssystem anzuschaffen.

Projektmanagement ist eben kein Fertiggericht, das überall und jederzeit direkt aus der Verpackung verzehrt werden kann. Man muß sich schon der Mühe unterziehen, nach seinem eigenen Geschmack ein nur auf die jeweiligen Möglichkeiten passendes Menue zu komponieren.

Denn Projektmanagement stellt neue und ganz individuelle Anforderungen an die Organisation, an Mitarbeiter und Chefs. Diese Anforderungen können durch ein bereits vorher festgelegtes Ablaufkorsett weder bewältigt noch außer Kraft gesetzt werden.

Projektmanagement ist nämlich keine Ausführungs-, sondern eine Führungsaufgabe und wird zuallererst als Werkzeugkoffer wirksam, der die Vorteile seines Inhalts erst im Laufe einer fachkundigen Benutzung unter sorgfältiger Auswahl seiner Instrumente preisgibt.

Und sehr schnell wird dann hierbei erkennbar, daß das Pflänzchen Projektmanagement nur in einer Umgebung gedeihen kann, die nicht autoritär bürokratisch funktioniert, sondern bereits Ansätze zu einem partnerschaftlichen Verhältnis zeigt.

2. Widerstände

Die Widerstände, die sich gerade in einem kleinen und mittleren Betrieb gegen den konsequenten Einsatz von Projektmanagement richten, vollziehen sich daher auf drei Plattformen, nämlich auf der formalen, der der Organisation und der der Kompetenz.

2.1 Die formale Plattform

Zuerst soll hier kurz auf die Widerstände auf der formalen Plattform eingegangen werden, denen ohnehin die meiste Aufmerksamkeit gewidmet wird.

Unklare Zielsetzung, unrealistische Zeitvorgaben, die falschen Werkzeuge zur falschen Zeit, mangelnde Transparenz, ein zu aufwendiges Softwarepaket und - last but not least - die Liebe zur Planerstellung, nicht aber eine solche zur konsequenten Planverfolgung - um nur einige zu nennen - sind hier wohl als Ursache für die vermeintliche Ergebnisschwäche des so gut gemeinten Projektmanagements anzusehen.

Die Firmenleitung möchte ein sicheres Instrumentarium haben, das bei buchstabengetreuem Gebrauch *diesmal tatsächlich* den Ablauf steuert und *diesmal tatsächlich* zu effizienten Ergebnissen führt - ein Modell, aus dem sich alle Schritte für die Zukunft ableiten lassen.

Aber ist aus dem Managementalltag nicht eigentlich sehr gut bekannt, daß man vorweg relativ wenig ganz genau regeln kann, man oft situativ agieren und reagieren muß?

Ist in diesem Moment vergessen, wie nichtssagend Organigramme sind - vor allem dann, wenn diese an den tatsächlich betroffenen Mitarbeitern vorbei erstellt werden, anstatt in Verbindung mit ihnen?

Ist es den Verantwortlichen wirklich entgangen, daß ein Korsett aus vorgefaßten Maßnahmeregeln, die vielleicht noch außerhalb des Unternehmens erarbeitet wurden, einen sinnvollen Ablauf gar nicht mehr gestattet? Nun ist es aber gerade das Anliegen, mit Hilfe von Projektmanagement ein bestimmtes Ziel in der gegebenen Zeitspanne und dem Kostenrahmen erreichen zu wollen. So soll zum Beispiel ein Produkt erzeugt werden, das auf dem Markt dominiert.

Man kann aber nicht schnurstracks in das gewünschte Resultat springen; vielmehr liegt eine hübsche Wegstrecke zwischen dem Plan und seiner erfolgreichen Realisierung. Dieser Weg muß erst einmal beschritten werden, und an seinem Rand lauert immer wieder Unvorhergesehenes. Man kann nie vorher wissen, welche Unwägbarkeit einem an der nächsten Biegung begegnet.

Aus diesem Grunde ist das Anlegen des Weges und das Begehen des Weges jeweils eine eigene Aufgabe. Wie unangenehm es auch immer wieder sein wird: Selbst in den einfachsten Projekten - wenn es „einfachste Projekte" denn überhaupt gibt - läßt sich der Zukunftsverlauf niemals vorwegnehmen, bleibt immer eine Unsicherheit. Diesen Unsicherheiten muß jeweils an Ort und Stelle, exakt beim Auftreten des Unvorhergesehenen, aktiv begegnet werden. Sich hier an irgendwann einmal unter ganz anderen Bedingungen festgeklopfte Regeln zu klammern, nützt nicht viel.

Im Gegenteil: Für die Bewältigung müssen stets Reserven an Zeit und Organisationsmöglichkeiten vorhanden sein. Stehen sie nicht zur Verfügung, ist von vornherein zu überlegen, ob überhaupt von einem „Projekt" die Rede sein soll.

Es besteht Einigkeit darüber, daß nun gerade von den in ein Projektteam integrierten Mitarbeitern ganz besondere Einstellungen gefordert werden. Projektmitarbeiter sind Diener zweier Herren: Sie unterstehen einmal ihrem Linienvorgesetzten und aber für die Dauer der Projektlaufzeit zusätzlich noch dem Projektleiter. Mit „normalen", auf die tägliche Routine abgestimmten und die Abteilungsegoismen berücksichtigenden

Verhaltensformen kommt man da nicht länger durch.

Zudem wird im Projektmanagement immer wieder das „Ganze“ angesprochen, was für die meisten Mitarbeiter aber nur etwas Fernes, Fremdes, verwaschen Diffuses ist.

Denn am „Ganzen“ sind sie ja bisher nie beteiligt gewesen, das „Ganze“ ist ihnen bisher immer verborgen geblieben, war lediglich der Führungsspitze vorbehalten worden.

Es muß also etwas entwickelt werden, was in Wirklichkeit einen tiefgreifenden Organisationswandel ausmacht.

2.2 Die Widerstandsplattform der Organisation

Hier sind wir nun bei der zweiten Widerstandsplattform angelangt, nämlich der der Organisation:

Ein traditionsgebundenes, hierarchisch geformtes Unternehmen von heute auf morgen mit Projektmanagement beglücken zu wollen, hat wenig Sinn. Vor allem ist der Vorsatz dann zum Scheitern verurteilt, wenn - vielleicht nach erfolgtem Seminarbesuch und ohne Absprache mit der Firmenleitung - zwei oder drei Mitarbeiter einsam und von sich aus beschließen, Projektmanagement-Methoden bei einem schon bestehenden, größeren Vorhaben einzusetzen.

Projektmanagement erfolgreich anzuwenden, kann aber nur dann glücken, wenn die Firmenleitung es so will und ihm auch ihre Aufmerksamkeit und volle Zustimmung angedeihen läßt. Projektmanagement läßt sich nicht ohne die Unterstützung und den Beistand der Firmenleitung anwenden, denn für die Abwicklung eines jeden Projektes bedarf es einer bestimmten Personengruppe, deren Existenz, Zusammensetzung und Aufgabengebiet auch tatsächlich von oben „abgesegnet“ sein soll. Andererseits entsteht nämlich gerade in der vor allem für Neuigkeiten äußerst aufgeschlossenen Unternehmenswelt rasch der Eindruck, als seien da irgendwo irgendwelche „grauen Eminenzen“ damit zugange, schlimme Abteilungsselbständigkeiten einzuschränken.

Projektmanagement kann ebensowenig funktionieren, wenn es nicht auf eine verantwortungsvoll agierende Projektgruppe zurückgreifen kann. Für die Firmenleitung eines mittelständischen Unternehmens ist es freilich nicht immer leicht, eine Projektorganisation auch tatsächlich als eine temporär selbständige, mit verantwortungsvollen Kompetenzen ausgestattete Einheit anzuerkennen, denn letzten Endes steht dies im

Widerspruch zu ihrem eigenen Streben nach Einfluß- und Machterhalt.

Hierbei wird es sich dann zeigen, ob die Firmenleitung nur Lippenbekenntnisse zum Projektmanagement abgegeben hat oder dies tatsächlich auch leben und ausführen möchte. In diesem Fall muß aber zur Kenntnis genommen werden, daß nur eine mit Verantwortung und Kompetenzen ausgestattete Projektgruppe die Voraussetzung dafür ist, tatsächlich schneller, flexibler und leistungsfähiger auf die Umweltanforderungen zu reagieren. Insbesondere in Krisenzeiten ist es notwendig, rasche Entscheidungen zu treffen und teueren Ressourcen, nämlich hochspezialisierte Mitarbeiter - gleichgültig in welcher hierarchischen Position sie sich befinden - die besten Einsatz- und Enfaltungsmöglichkeiten zu bieten.

2.3 Die Kompetenzplattform

Über die Bedeutung von Kompetenzen bestehen unterschiedliche Auffassungen. Die meisten Probleme und Schwierigkeiten, die Projektmanagement zum Scheitern verurteilen, resultieren aus Kompetenzmängeln.

Hierarchieverhalten und Projektmanagementverhalten widersprechen einander und schließen sich sogar aus. Eine Gruppe von gleichberechtigten Teammitgliedern zu leiten, ist etwas anderes, als einer Abteilung vorzustehen. Gruppenentscheidungen voranzutreiben ist etwas anderes, als sich von Sachbearbeitern „zuarbeiten" zu lassen. Auf Unvorhergesehenes plötzlich und sofort organisatorisch zu reagieren, ist etwas anderes, als sich beim Vorgesetzten zu erkundigen, was nun getan werden soll.

Projektmanagement setzt bei der Leitung und den Mitarbeitern ganz besondere, eigene Managementqualifikationen voraus, die vor allem ein Linienmitarbeiter so nicht lernt und die auch nicht angeordnet werden können.

Projektmanagement kann ja nun keinesfalls unter der Auflage zum Laufen gebracht werden, daß alle Beteiligten ab sofort ihre Verhaltensformen der neuen Aufgabe anzupassen haben. Im Gegenteil: Immer wieder findet sich diese seltsame Konstellation, daß theoretisch wohl die Einsicht vorhanden ist, ohne die Erkenntnis jedoch praktisch umsetzen zu können.

Der Begriff Projekt, inflationär und unterschiedslos für alles, was nur irgendwie aus dem Alltagskram herausragt verwendet, bedingt es, daß bei oberflächlicher Betrachtung Projektmanagement mehr und mehr nebelhaft, diffus und praktisch wertlos erscheint. Weil es modern ist, werden für alles Sinnvolle oder Unsinnige Projektgruppen eingesetzt.

Um darüber hinaus diesen Projektgruppen von vornherein so wenig wie möglich Befugnisse zugestehen zu müssen, werden Lenkungsausschüsse eingerichtet, die die notwendigen Entscheidungen zu treffen haben. Damit wird die Funktionalität des Projektmanagements ja eigentlich aufgehoben, denn verdankt Projektmanagement seine Entstehung ja letztendlich nicht der Ineffizienz, Starrheit und Unbeweglichkeit von großen, unüberschaubaren Strukturen? Zusätzlich werden auf diese Weise Ressourcen gebunden, die anderweitig sinnvoller zu verwenden wären.

Gerade in mittelständischen Unternehmen scheint Projektmanagement von der Sache her tatsächlich gefordert und auch nötig zu sein, der Einsatz aber häufig an der bisherigen Unternehmenskultur und den damit verbundenen Qualitätsstandards zu scheitern.

Will man jedoch tatsächlich Projektmanagement einrichten - und zwar nicht nur so zum Schein - sollte zweierlei genau betrachtet werden:

1. In welcher Hierarchie-Form befindet sich das Unternehmen? Existieren noch patriarchalisch streng autoritäre Organisationsstrukturen (auf der Vorgesetzen-Untergebenen- Ebene) oder gibt es bereits Auflockerungen?
2. Welche Führungsqualifikationen bei den Mitarbeitern können vorausgesetzt werden?

Aber, die eingefahrenen Muster aufzubrechen, bedeutet Konfliktaufwand, vielleicht auch Resignation, vor allem aber ein hohes Maß an Zeit. Wird für die Berücksichtigung dieser Umstände nicht die nötige strukturelle und zeitliche Basis zur Verfügung gestellt, kann die Einrichtung von Projektmanagement von vornherein schieflaufen und wird darüber hinaus einen Trümmerhaufen hinterlassen, der nur mit Mühe wieder zu sanieren ist. Denn für die Systemabwehr gibt es kein Rezept. Hat sie sich erst einmal fest formiert, hilft nur noch der Ausstieg.

Aus diesem Grunde ist auf die Einführungsphase besonderer Wert zu legen.

3. Einführungsprobleme

Einführungsphasen kommt eine große Bedeutung zu. Hier werden die Weichen gestellt und wenn später Schwierigkeiten auftauchen, lassen sie sich meist bis zum Start zurückverfolgen.

Nun bedeutet Projektmanagement auch einen gravierenden Eingriff in die bestehende Organisation und bringt Unruhe in die gewohnten Abläufe eines Unternehmens. In der Literatur scheint dieser Umstand zum Teil schamhaft verschwiegen zu werden, manche Autoren reden gar nur von „Gewöhnungsphasen".

Sicher wäre es verkehrt, sich naiv auf diesen Organisationswandel einzulassen, etwa einsetzenden Widerstand gegen die neue Organisationsform übergehen und nicht beachten zu wollen. Projektmanagement als autoritäre Entscheidung von oben und mit dem eisernen Besen in ein Unternehmen einzubringen, ist zweifellos die verkehrte Art, Akzeptanz für eine neue Sache zu gewinnen.

Man muß einfach zur Kenntnis nehmen, daß Organisationen gegen Veränderungen Widerstand leisten und die Einführung von Projektmanagement ist ohne Frage eine Veränderung.

Lassen Sie mich an dieser Stelle einige Fehler bei der Einführung des Projektmanagements nennen:

1. Man beginnt nur halbherzig an irgendeiner unwesentlichen Ecke, um die Sache einmal zu „probieren".
2. Vielleicht wird dieses Vorgehen sogar noch durch die Anschaffung eines Terminplan-Systems begleitet, das irgendein Mitarbeiter von einem Messebesuch mitgebracht hat, ohne auch nur im mindesten einmal die Bedürfnisse in den Abteilungen und bei den Mitarbeitern zu eruieren.
3. Man schafft zwar „Projekte", nimmt ihnen aber von vornherein die Luft, indem man ihnen kaum Zeit, Raum und Geld, geschweige denn einen verantwortlichen Projektleiter zu Verfügung stellt.
4. Man versucht, die eingesetzten Projekte möglichst nahtlos in die bisherige Organisation einzupassen („Für ein Projektteam haben wir weder Zeit noch Geld. Die Mitarbeiter erledigen das nebenbei ").

Organisatorische Eigeninitiativen werden mißtrauisch beäugt, unterdrückt und vorverurteilt.

5. Man inflationiert die ganze Idee und richtet für alles, was nur irgendwie aus dem Alltagskram herausragt, eine Projektgruppe ein und setzt ihr einen Lenkungsausschuß vor die Nase.

6. Man setzt Projektgruppen ein, nur weil es „modern" ist und wichtig klingt. Obendrein erhalten diese Projektgruppen Aufgaben, die ohne weiteres von der bisherigen Linienorganisation zu bewältigen wären.

7. Die Firmenleitung steht nicht hinter dem Projektmanagementgedanken, vermeidet eine eindeutige Entscheidung (weil man ja nicht weiß, was dabei rauskommt und sich Rückzugsmöglichkeiten offenlassen möchte).

8. Man springt kopfüber ins Projektmanagemt, ohne vorbereitende Überlegungen (Überprüfungen der Auswirkungen auf die bestehende Organisation, des Qualifikationsbedarfs der Mitarbeiter, der Kosten).

9. Man verläßt sich ausschließlich auf externe Experten und Berater und wähnt sie im Besitz des Idealmodels (Autoritätsverschiebung). Wenn die Firmenleitung nicht voll hinter dem Projektmanagementgedanken steht, ist auch ein noch so versierter Berater nur eine glücklose Randfigur.

10. Man beauftragt mit der Einführung einen Mitarbeiter, ohne sich über dessen Akzeptanz bei den Kollegen Gedanken zu machen.

11. Man vermeidet es, die Auswahl der Projektmitglieder und der Projektleitung zu begründen und fördert dadurch die Entstehung von Gerüchten.

12. Man verhindert die Selbstfindung des Projektmanagements durch strikte Regeln, Handbücher und Verfahrensabläufe.

13. Man möchte etwas Gutes tun und kauft, ohne die Voraussetzungen und Anforderungen vorab genau zu definieren, ein Projektmanagementprogramm, das vielleicht teuer und für die im Unternehmen durchzuführenden Projekte viel zu groß und aufwendig ist, dafür aber von der Dateneingabe her ganz besondere Ansprüche stellt.

14. Man verzichtet darauf, den Projektleiter mit besonderen Kompetenzen auszustatten.

15. Man geht davon aus, daß Projekte „nebenbei" abzuwickeln sind und

ist der Ansicht, Improvisation sei eine Tugend.

16. Man benützt die falschen Werkzeuge zur falschen Zeit (z.B. Netzplantechnik in der Konzeptphase).
17. Man hält sich nicht an vereinbarte Regeln (Informations-, Änderungsmanagement)
18. Man erklärt heute das Projekt A und morgen das Projekt B für überlebenswichtig.

4. Ausblick

Um meinen Vortrag nicht mit dem Gedanken zu beschließen, es sei total unmöglich, in kleinere, festgefügte Unternehmenseinheiten Projektmanagement einzuführen, sei an dieser Stelle doch noch eine Hilfestellung gegeben.

Man läßt sich mit der Einführung des Projektmanagement-Systems auf ein Risiko ein, daß im Grunde jedoch schon durch zwei Maßnahmen minimiert werden kann:

1. Die Festlegung eines exakt auf das Unternehmen zugeschnittenen Gesamtrahmens im Sinne von „mehr oder weniger ist nicht drin".
2. Die Einführung von etappenweisen Kontrollen und Überprüfungen, die die Möglichkeit schaffen, ein Projekt auch rechtzeitig zu stoppen.

Ist das erste schon schwer genug - auf welche Weise ist der richtige Gesamtrahmen für ein Unternehmen herauszufinden? - wird der zweite Punkt noch durch Faktoren belastet, die häufig auf psychologischem Gebiet liegen. Wer will schon rechtzeitig zugeben, daß ein Vorhaben gescheitert ist? Der mit der Einführung Beauftragte versucht vielleicht noch, dies und jenes auf Teufel komm raus zu retten - vor allem dann, wenn Prestige daran hängt. Hinzu kommen Koordinationsprobleme, vielleicht ist die Gesamtmotivation der Mitarbeiter schon längst nicht mehr gegeben und obendrein ist die Firmenleitung ob des nicht sofort eintretenden erwarteten Erfolgs unsicher.

Wenn sich ein Unternehmen jedoch für Projektmanagement entscheidet, verfügt es dennoch über eine Reihe von Vorteilen, die in Summe eine Erhöhung der Kompetenz bedeuten. Es wären dies:

1. Bessere Kontrolle während der Durchführung
2. Verminderung des Planungsaufwandes bei Folgeprojekten
3. Bessere Zuverlässigkeit hinsichtlich der Beurteilung der Wirtschaftlichkeit von Vorhaben
4. Durch die Teilung der Verantwortung sinkt der Anteil jener komplexen Probleme, die vorher unbearbeitet auf die lange Bank geschoben wurden, weil sich dafür niemand zuständig gefühlt hat und damit
5. einhergehende Kosteneinsparung.
6. Im Planungsstadium werden Details weit mehr überlegt. Dies macht das zu erschaffende Produkt selbst und seine Entwicklung transparenter. Transparenz erhöht nicht nur sie Sicherheit, sie minimiert auch das Risiko.
7. Es schafft mehr Identifikation mit der Aufgabe, denn es macht einen Unterschied, ob innerhalb der Hierarchie nur ein Auftrag vergeben wird oder ob eigens ein Projekt eingerichtet wird.
8. Aufgrund der flexiblen Organisationsstruktur sind geeignete Maßnahmen rascher zu treffen und schneller umzusetzen.
9. Projektmanagement bricht mit der Amtsautorität, fördert die Sozialkompetenz, Kommunikations- und Motivationsfähigkeit, Einfühlungsvermögen und Kooperationsbereitschaft.
10. Projektmanagement lehrt die Teamarbeit in der Projektgruppe, fördert die Motivation durch mitbestimmte Arbeit (Delegieren von Verantwortung!) und lehrt vor allem, das „Ganze“ im Auge zu behalten und so dem üblichen Abteilungsegoismus entgegenzutreten.

5. Anlagen:

HANDLUNGSBEDARF IM BEREICH „PROJEKTMANAGEMENT-WERKZEUGE“

4	Integrierte Projektsteuerung von Leistung, Termine, Kosten und Einsatzmittel			
3	wie 2: und: Leistungs-fortschrittsplanung und -kontrolle	Einsatz der Netzplantechnik	wie 2: und Cost at Completition, Ermittlung des Fertigstellungswertes und Zahlungsmittelbedarf	Planung und Kontrolle anhand von Netzplänen
2	Planung der Projektleistung mit Projektstrukturplan	Einsatz der Balkenplantechnik auf der Basis des Strukturplans	Plan-Kosten und Ist-Kostenvergleich	Planung und Kontrolle auf der Basis von Balkenplänen
1	keine regelmäßige Planung und Kontrolle der Projektleistungen	keine regelmäßige Planung der Abläufe und der Termine	keine regelmäßige Planung und Kontrolle der Kosten	keine regelmäßige Planung und Kontrolle der Einsatzmittel
Ausprägung / Sachziele	**Sachziele**	**Termine**	**Kosten**	**Einsatzmittel**

HANDLUNGSBEDARF IM BEREICH „MENSCHEN IM PROJEKTMANAGEMENT“

4	PM-Abteilung als Pool für bestimmte PM-Stellen als organisatorische Heimat Matrixorganisation	Einsatz von PM-Personal, PM-Stellenbeschreibungen mit Kompetenzen, Verantwortung und Aufgaben	wie 3: und Einsatz von Projekt-start-up-Workshops	PM-Karriereplanung, Personalbeurteilung im PM, Berufsbilder für verschiedene Stellen im PM
3	Richtlinien für Stellen im Projektmanagement, z.B. Projektleiter	wie 2: und PM-Dienstleistungs-Abteilung, definierte Projektgremien als Entscheidungs-instanzen	standardisiertes Berichtswesen, z.B. Phasenentscheidungssitzungen, Reviews	wie 2: und Zuweisung wechselnder Aufgabengebiete im Projektmanagement
2	Einsatz von PM-Personal, keine Regelmäßigkeiten hinsichtlich: Aufgaben, Kompetenzen und Verantwortung	temporäre Projektstellen, z.B. Projektleiter auf Zeit in einem in Linie organisierten Unternehmen	Regeln für Präsentationstechniken (informell + formell) organisator. Anweisungen imPM: z.B. Unterschriftenregelung, Projektauftragsformular	Weiterbildung in spezifischen PM-Fachgebieten: z.B. Terminkontrolle /Kostenkontrolle / Führungsverhalten, etc.
1	kein Einsatz von PM-Personal	Projektarbeit nebenbei	keine spezifischen PM-Regeln oder Werte	keine
Ausprägung / **Sachziele**	Einsatz von Projektpersonal	organisatorische Einbindung	Zusammenarbeit im Projekt	Personalentwicklung im PM

Möchten Sie Projektmanagement einrichten?

- IN WELCHER HIERARCHIE-FORM BEFINDET SICH DAS UNTERNEHMEN?

Existieren patriarchalisch streng autoritäre Organisationsstrukturen? (Vorgesetzten-/Untergebenen-Ebene)

- WELCHE FÜHRUNGSQUALIFIKATIONEN KÖNNEN SIE BEI DEN MITARBEITERN VORAUSSETZEN?

Projektmanagement

Typische Fehler bei der Einführung im Mittelstand

Ausgangslage

- Widerstände
  - auf der formalen Plattform
  - auf der Organisations-Plattform
  - auf der Kompetenz-Plattform
- Einführungsprobleme
- Fehlerkatalog
- Ausblick

Roland Ottmann
Unternehmensberater, Leiter der Arbeitsgruppe PM im Mittelstand

Projektmanagement, die Mega-Methode zur Krisenbewältigung - Die Krisenbewältigung mit Projektmanagement -

1. Eine kleine Krisenauswahl gefällig?

Krisen in Unternehmen und bei Projekten (Unternehmungen) sind keine außergewöhnliche Erscheinung, sie sind vielmehr allgegenwärtig und führen in den davon betroffenen Organisationen zu oft dramatischen Situationen und chaotischen Zuständen. Bevor die Frage beantwortet wird, wie Krisen zu bewältigen sind und welche Chancen und Möglichkeiten in ihnen stecken, soll zunächst einmal ein Blick auf typische Krisensituationen geworfen werden. Krisen stellen den Höhepunkt einer Entwicklung dar, die nun zu echten Problemen und Schwierigkeiten führen können. Dies kann soweit gehen, daß die davon betroffene Organisation vor dem Ruin steht. Im Unternehmen trifft man solche Bedingungen an, wenn z.B.

- **ein Absatzmarkt verschwindet (neue Produkte lassen die bisherigen überflüssig werden),**
- **qualifizierte Mitarbeiter das Unternehmen verlassen,**
- **die Hausbank die Kredite kündigt,**
- **die allgemeinen Entwicklungen falsch eingeschätzt wurden,**
- **die Planung auf falschen Grundlagen erstellt wurde usw...**

Die negativen Auswirkungen all dieser Krisenauslöser (Existenzangst beim Unternehmer, Demoralisierung der Mitarbeiter usw.) gehen aber einher mit ebenso positiven Möglichkeiten, die ihnen innewohnen. Dem Unternehmen wird die Chance zu einer radikalen Neuausrichtung gegeben. Dies kann neues Wachstum und neue vorher nicht geahnte Entwicklungsmöglichkeiten schaffen.

2. Ein Ausflug in die Praxis des Beraters

Der Maschinenproduzent Frank N. sieht rot: Trotz hervorragender Auftragslage befindet sich sein Geschäftskonto auf einer rasanten Talfahrt. Ein Konkurs scheint unausweichlich. Doch vor dem endgültigen Aus und dem Gang nach Canossa sucht N. das Gespräch mit einem

Berater, um einen anderen Betrachtungspunkt seiner Probleme und vielleicht Ansatzpunkte für einen neuen Start zu erhalten. Der Berater wird gleich zu Beginn seiner Tätigkeit mit mißgestimmten Mitarbeitern, schludrigen Büros und einer nachlässig-saloppen Organisation in den Fertigungshallen konfrontiert. Dies alles spricht eine deutliche Sprache. Hier befindet sich ein Unternehmen an einem echten Wendepunkt. Entweder es geht zugrunde oder es gelingt, mit einer guten Konzeption und den richtigen Leuten eine Wende zum Besseren herbeizuführen.

Der Berater, gewohnt Projektmanagementregeln strikt anzuwenden, krempelt die Ärmel hoch und versucht nun, seinen Anteil dazu beizutragen, das Unternehmen zu erhalten.

3. Projektmanagement, die Mega-Methode zur Krisenbewältigung

Viele Manager und Mitarbeiter sind über Werkzeuge und Verfahren des Projektmanagements informiert. Bisweilen werden auch einzelne Methoden des Projektmanagements angewendet (z.B. Projektstrukturplan, Phasenmodell, Methoden der Situationsanalyse o.ä.). Leider werden aber nicht alle Vorhaben in ihrer Gesamtheit nach den Regeln des Projektmanagements abgewickelt.

Zur weiteren Klärung sei ein kurzer Abriß darüber gegeben, was unter Projekten und Projektmanagement zu verstehen ist:

- Projekte

Projekte sind Vorhaben, die komplex und relativ neuartig sind. Sie haben einen definierten Anfang und Abschluß. Sie haben begrenzte Ressourcen (u.a. Finanzmittel und Zeit) und ein Ziel oder Ergebnis, das vor Beginn der Arbeiten definiert wurde. Sie sind interdisziplinär zu bearbeiten und die Verantwortung für das geplante Ergebnis ist genau festgelegt.

- Projektmanagement

Projektmanagement ist demnach ein Führungsansatz, nach dem komlexe Vorhaben geplant und umgesetzt werden können.

Um das Projekt planen und durchführen zu können, wird es in Teilaufgaben zerlegt (eine Salami wird schließlich auch scheibchenweise und nicht im Ganzen verzehrt). Mit der Zuordnung von Verantwortlichkeiten erfolgt die Grundlage für die Teambildung. Die einzelnen Arbeitspakete werden in Bezug auf Mitteleinsatz definiert. Die Ableitung der Ablaufpläne (Phasen-, Meilenstein-, Netz- und Terminplan), in Ausrichtung an den Endtermin ermöglicht die Aufstellung des Kostenplanes. All diese Planungen münden in eine Risikoanalyse, die die Erarbeitung von Alternativen ermöglicht. Auf dieser Basis kann die Optimierung der Projektplanung und die Entscheidung über die Projektfreigabe erfolgen.

Mit der Projektfreigabe tritt das Projekt in die Umsetzungsphase ein. Das Projekt muß nun einem kontinuierlichen Soll-Ist-Vergleich unterzogen (Projektcontrolling) und zielgerichtet vorwärts getrieben werden.

Die Projektdokumentation ist unabdingbar. Diese dient sowohl der Ergebnissicherung als auch als Planungsgrundlage für neue Projekte.

4. Die Projektplanung

Wir planen, um zu verhindern, daß bedingt durch blinden Aktionismus, falsche Aktionen oder aber richtige Aktionen zur falschen Zeit ablaufen. Die Planung ist die Grundlage strukturierter Projektarbeit. Planen bedeutet nicht, sich nur Gedanken zu machen, denn dann bleibt es oft bei Hirngespinsten, sondern Gedanken zu Papier zu bringen und andere Personen dann in die Planüberlegungen mit einzubeziehen.

- Projektzieldefinition

Ziele sind zwar schnell genannt, aber selten gut formuliert, begründet und dokumentiert.

„Ein Mensch der keine Ziele hat, braucht sich nicht zu wundern, wenn er niergends ankommt.“

Deshalb wird zuerst das Projektziel und wenn für das Vorhaben erforderlich, der Endtermin und die maximal zur Verfügung stehenden Mittel (z.B. Finanzmittel) formuliert. Dies hilft allen Beteiligten, sich „auszurichten“ und entsprechend der Zielstellung ihren Beitrag zum Gelingen des Vorhabens zu leisten.

- **Projektstrukturplanung**

Mit dem Zerlegen der komplexen Aufgbe in einzelne Teilaufgaben und Aktivitäten wird die Überschaubarkeit erreicht. Man versetzt sich sozusagen von der wenig übersichtlichen Frosch- in die herausgehobene Vogelperspektive. Damit gewinnt man den notwendigen Überblick und erkennt die wichtigen Teilaspekte des Vorhabens.

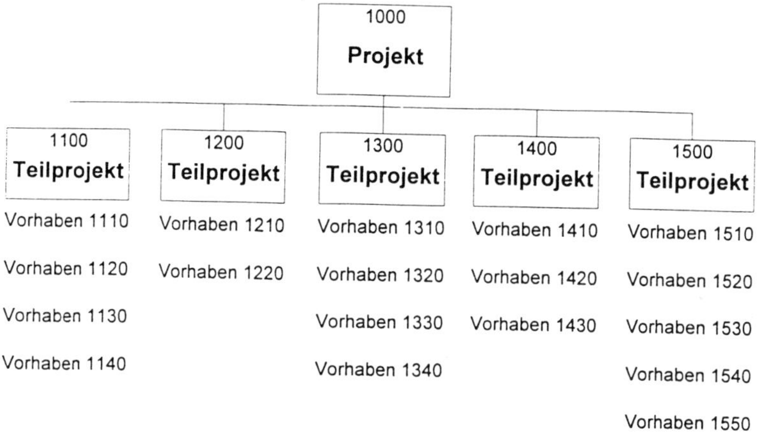

Abb. 1: Projektstrukturplan

- **Projektorganisation**

Projekte sind bekanntlich komplex und sind deshalb nicht einfach „nebenher" zu erledigen. Die Projektorganisation braucht also einen verantwortlichen Projektleiter. Dieser ist zu benennen und seine Kompetenzen sind klar zu definieren. Den Aktivitäten, die im Projektstrukturplan beschrieben wurden, werden im nächsten Schritt Zuständigkeiten und Ressorcen zugeordnet. Damit wird die Grundlage für die Projektteambildung und die spätere Projektumsetzung gelegt. Die einzelnen Aufgaben werden in sogenannte Arbeitspakete zusammengefaßt, in Bezug auf Mitteleinsatz (Ressourcen an Mitarbeitern, Ausstattungen und Material) beschrieben und die Schnittstellen zwischen den beteiligten Personen geklärt.

- **Ablaufplanung**

Auf dieser Grundlage gelingt es nun, einen Ablaufplan zu erstellen, der

- **dem Projektziel und Endtermin sowie**

- **der Projektstruktur und Projektorganisation**
Rechnung trägt.

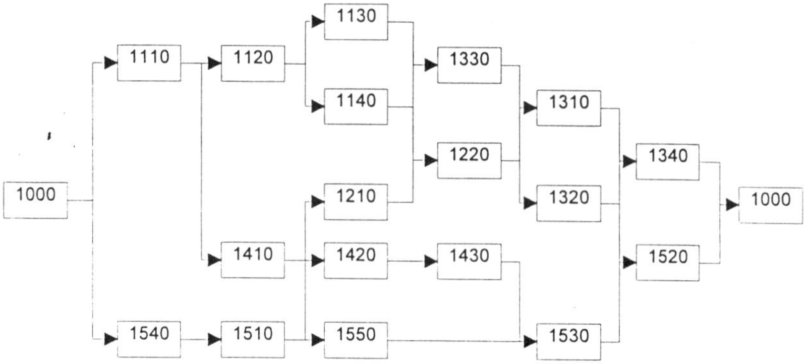

Abb. 2: Netzplan als mögliche Form der Ablaufplanung

Eine weitere Form der Ablaufplanung ist die Phasenplanung. Hier gibt es die Möglichkeit, das Projekt in sachlich abgegrenzte Abschnitte einzuteilen. Innerhalb der Projektphasen werden die zu leistenden Tätigkeiten und die Ereignisse mit besonderer Bedeutung für das Projekt beschreiben.Für das Krisenprojekt werden folgende Projektphasen definiert:

	Phase	Ergebnis
I	**Planungsphase**	Abgestimmte Projektplanung
II	**Analysephase**	Ist Analyse - Unternehmen - Markt
III	**Konzeptphase**	Abgestimmtes Unternehmenskonzept
IV	**Realisierungsphase**	Neuausgerichtetes Unternehmen

Die Terminierung der Aktivitäten und die Kostenkalkulation (Aufstellung des Kostenplanes) wird mit dieser Vorgehensweise ermöglicht: Man erhält damit eine solide Grundlage, Finanzierungsalternativen zu beleuchten und sich für die beste Möglichkeit zu entscheiden. Das Projekt hat jetzt seine Einbettung erhalten.

- **Risikoanalyse**

All diese Planungen münden in eine Risikoanalyse, die die Erarbeitung von Alternativen ermöglicht. Richtig frei in seiner Entscheidung ist der Mensch erst dann, wenn er mehrere Alternativen hat - bereits der Volksmund behauptet, daß aller guten Dinge drei wären - und seine potentiellen Probleme ermittelt hat. Der Entscheidungsträger hat dann vollständig und vergleichbar dokumentierte Alternativen als Diskussionsgrundlage. Die Auswahl der optimalen Lösungsmöglichkeit wird damit wahrscheinlicher. Auf dieser Basis kann die Optimierung der Projektplanung und die Entscheidung über die Projektfreigabe erfolgen.

5. Die Projektumsetzung

Die Projektplanung wird mit den beteiligten Personen abgestimmt und fixiert. Mit dieser Planungsgrundlage kann nun in die nächste Phase eingetreten werden. Selbstverständlich wird in der folgenden Umsetzung des Projekts eine Planungsfortschreibung und ein kontinuierlicher Soll-Ist-Vergleich durchgeführt.

Das Management erhält nun mit den Projektplänen und deren konsequenter Überprüfung auf Erreichung der vorgegebenen Zwischenziele ein Instrument der Projektsteuerung, d.h. es hat sich die Möglichkeit geschaffen, zu agieren, statt auf äußere Einflüsse reagieren zu müssen.

- Ermittlung der Ist-Situation

Den Betrachter interessiert die Entwicklung des Unternehmens und dessen aktuelle Situation (Warum wurde es so, wie es jetzt ist?) genauso wie die Entwicklung des Marktes, der vom Unternehmen bedient wird (Wie war er in der Vergangenheit beschaffen, wie wird er in Zukunft aussehen?). Man befindet sich jetzt nicht mehr im Bereich der Projektarbeit Man hat sich vielmehr der eigentlichen Aufgabe, dem zu bearbeitenden Objekt zugewandt!

Es interessieren hier Fragen, wie z.B.:

- **Was machen die Wettbewerber anders?**
- **Warum sind sie erfolgreicher?**
- **Was realisiert der Wettbewerber an Umsatz und Gewinn pro Mitarbeiter?**

- **Wo liegen eigene Stärken und Schwächen?**
- **Wie sieht eigener Markt aus?**
- **Wie sieht die Aufnahmefähigkeit des Marktes aus?**

Oft haben Unternehmen, die sich in der Krise befinden, akute Zahlungsprobleme! Deshalb muß man fragen:

- **Wie sieht die Finanzierung aus (Eigenmittel, Bankkredite, Fördermittel, Lieferantenkredite usw.)?**
- **Welche Sicherheiten gibt es noch?**

Das Kapital eines Unternehmens sind seine Mitarbeiter Es ist also zu klären:

- **Welches Qualifikationsgefüge liegt vor?**
- **Wie können die Mitarbeiter wieder motiviert werden?**

... Und nicht zuletzt:

- **Wie sieht der Auftragsbestand aus?**

Nachdem geklärt ist, was zu der vorliegenden Situation geführt hat, und wie diese Situation genau aussieht, steht nun der wohl schwerste Klotz in unserem Projekt an, den es zu bewegen gilt, die schonungslose Offenlegung bei den Hauptgläubigern (i.d.R. Banken und Lieferanten). Es wird eine angemessene Frist benötigt, um eine tragfähige Konzeption erarbeiten zu können. Diese Frist gilt es, zu vereinbaren.

Warum soll dies alles mit einem Berater besser gehen als ohne ihn? Ganz einfach, der Unternehmer hat möglicherweise einen Bonus mehr bei seinen Gläubigern (vor allen Dingen bei seiner Hausbank). Der externe Berater kann hier als neutrale Instanz, als Moderator oder sogar als Schlichter auftreten. Außerdem liegt bei ihm u.U. mehr Methodenkompetenz im Projektmanagement und größere Problemlösungskompetenz für schwierige und komplexe Aufgaben. Dies alles resultiert u.a. aus Erfahrungswerten vergangener, von ihm begleiteter Projekte. Dieses Know-how kauft sich der Unternehmer zeitlich befristet ein, um seinen Betrieb wieder flott zu machen natürlich nur, wenn er der Meinung ist, daß er es mit dem Berater besser kann als ohne ihn.

Nach der Bestandsaufnahme und der Zustimmung der Gläubiger, ihm die notwendige Frist einzuräumen, sind nun die Unternehmensziele zu formulieren. Damit geht das Projekt in die nächste Projektphase, die Konzeptionsphase, über.

- **Zieldefinition**

Zunächst setzt man sich als kurzfristiges Ziel die Sicherung der Liquidität. Mittelfristig will man die Krise überwinden und langfristig die Unternehmenssicherung (d.h. Gewinnerzielung) gewährleisten. Kurz gesagt, das Unternehmen soll saniert werden.

- **Konzeption**

Die Mitarbeiter genauso wie externe am Projekt beteiligte Personen müssen von einem unkoordinierten zu einem zielorientierten Vorgehen gebracht werden.

Dieses Problem geht man an, indem der Geschäftsführer und die Mitarbeiter genauso an der Konzepterstellung beteiligt werden wie der Steuerberater, der Rechtsanwalt und der Vertreter der Bank. Es muß klar sein, daß ein Projekt nie der Kraftakt einiger weniger Personen sein kann, sondern, daß alle Betroffenen weitestgehend mit einzubeziehen sind.

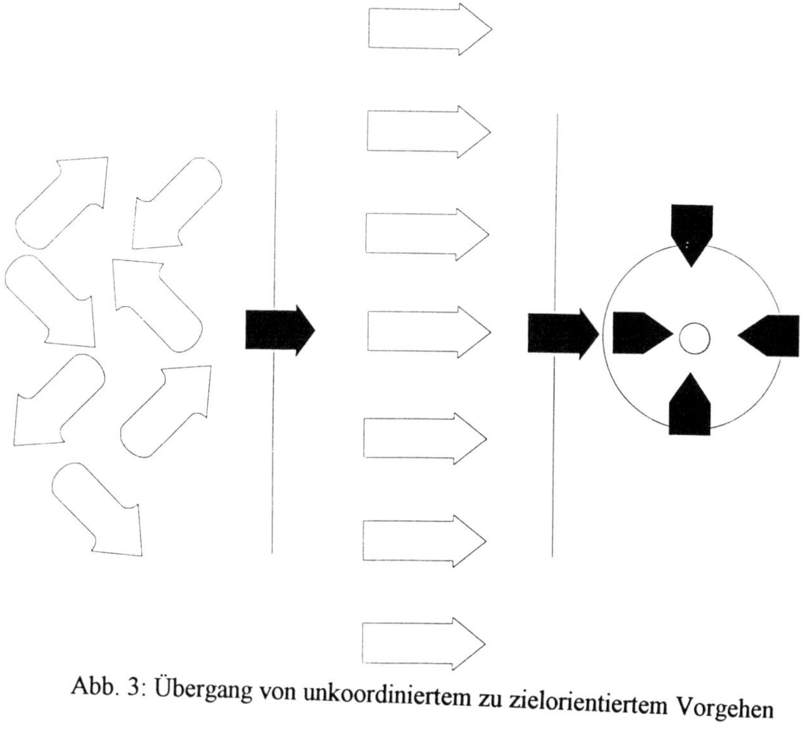

Abb. 3: Übergang von unkoordiniertem zu zielorientiertem Vorgehen

Insbesondere die Einbindung der Mitarbeiter in Einzelgesprächen und Workshops (teilweise am Feierabend und am Wochenende) führt dann zur Aufstellung konkreter Forderungen für die nächsten Jahre:

- **Umsatzziel: in DM / MA;**
- **Mitarbeiterziel: beschäftigte MA;**
- **Produktivitätsziel: in % zum Branchendurchschnitt;**

Für das erste und zweite Jahr sind Umsatzerlös- und Ausgabenpläne (Monatsplanung), für das dritte Jahr entsprechende Pläne auf Quartalsplanungsbasis aufzustellen. Es ist ein neues Konzept zur Absatzförderung zu entwickeln und das Unternehmen nach Qualitätsverbesserungspotentialen und Kostensenkungsmöglichkeiten zu durchforsten. Aus all diesen Arbeiten entsteht dann das abgestimmte Unternehmenskonzept.

Mittels gezielter Datenbankrecherchen sind öffentliche Fördermittel aufzuspüren und in ein Finanzierungskonzept einzubinden. Damit wird eine optimale Finanzierung gewährleistet, die hilft, erhebliche Zeiteinsparungen zu realisieren.

- **Realisierung**

Als erste und wesentliche Schritte bei der Realisierung des Unternehmenskonzepts sind die Zustimmung zum Konzept und die Finanzierungszusagen der beteiligten Banken zu erreichen. Anders ausgedrückt, mit der Hausbank und ggf. mit den Förderbanken (Deutschen Ausgleichsbank, Landesaufbaubank, Bürgschaftsbank o.ä.) ist über die Ausreichung und Besicherung der Kreditmittel auf der Basis des nun vorliegenden Unternehmenskonzepts zu verhandeln. Darüber hinaus sind die Mitarbeiter in die Konzeptumsetzung einzubinden. Sowohl die Mitarbeiter, als auch die Banken müssen nun in regelmäßigen Statusbesprechungen über den Fortschritt der Arbeiten unterrichtet werden. Das Projekt wird also entsprechend der fortgeschriebenen Projektplanung Zug um Zug realisiert. Durch den kontinuierlichen Abgleich der Projektplanung mit den tatsächlichen erreichten Ergebnissen, erhält man ein Werkzeug zur Projektsteuerung und zur Prognose der wahrscheinlichen Projektkosten und des Projektendtermins.

6. Das Projektergebnis

Das neue Unternehmenskonzept bildet eine ausnehmend gute Grundlage; wird es doch nicht im Alleingang erstellt, sondern ist vielmehr das Ergebnis einer Teamarbeit, zu der mit Hilfe des moderierenden Beraters vor allem die Mitarbeiter beigetragen haben. Es braucht nicht eigens erwähnt zu werden, daß sich durch diese gemeinsamen Anstrengungen so ganz nebenbei auch das Betriebsklima verbessert.

Die strukturierte Vorgehensweise nach Projektmanagementgrundsätzen führt dazu, daß Gläubiger und Banken leichter von einem Vorhaben zu überzeugen sind. Die Krisenbewältigung wird damit nachhaltig unterstützt und es wird:

- **die Neupositionierung des Unternehmens ermöglicht,**
- **die Produktivität gesteigert,**
- **die Mitarbeitermotivation gefördert und**
- **die Qualität der Abläufe verbessert.**

Wichtig aber ist es immer, aus der Vielzahl der Instrumente und Methoden, die von der Managementphilosophie des Management by Projectmanagement angeboten werden, die richtigen auszuwählen und dann auch konsequent einzusetzen.

Im vorliegenden Projekt wurden Kommunikationstechniken und Analyseverfahren, Verfahren zur Zieldefinition, Werkzeuge zur Aufbauplanung, Ablaufplanung und -steuerung und Präsentationstechniken zur Umsetzungsunterstützung der Maßnahmen eingesetzt (s. Abb. 4). Viele andere bekannte Projektmanagementwerkzeuge konnten ungenutzt im Werkzeugkoffer bleiben, weil sie diesmal nicht geeignet waren.

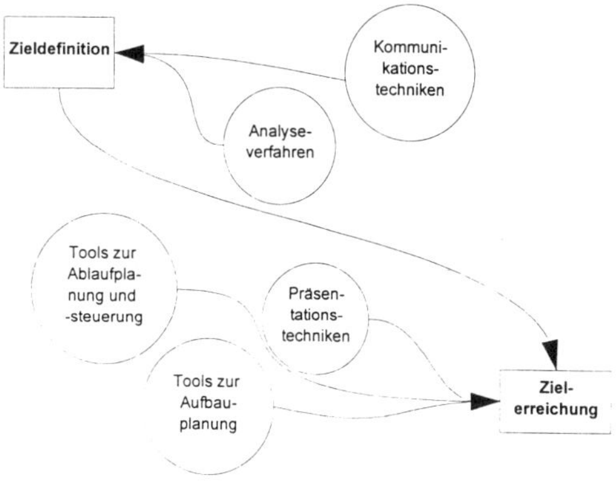

Abb. 4: Im Projekt eingesetzte Instrumente des Projektmanagements

Fazit: Die Krisenbewältigung, in der sich die Maschinenbaufirma des Frank N. befand, wurde durch die konsequente Anwendung der Projektmanagementmethoden und Projektmanagementwerkzeuge unterstützt. Durch den Einsatz der ausgewählten Projektmanagement-Instrumentarien konnten insbesondere die Produktivität des Betriebes erhöht und neue Absatzmöglichkeiten geschaffen werden. Aufs Neue motivierte Mitarbeiter sorgen zudem für bessere Produktqualität und niedrige Materialkostenanteile.

7. Ausblick

Projektmanagement kann helfen, selbst größte Probleme zu meistern. Es stellt damit den optimalen Ansatz zur Beherrschung komplexer Aufgaben dar. Zukünftig wird es für viele Branchen und in vielen Aufgabengebieten (Entwicklung neuer Produkte, Einführung neuer Marktleistungen, Erweiterung von Unternehmen, Umsetzung von Qualitätsmanagement nach DIN EN 9000, Prozeßoptimierung mit Business Prozess Reengineering oder auch einfach nur, wie im beschriebenen Fall bei der Krisenbewältigung) immer wichtiger, nach Projektmanagementmethoden zu arbeiten, um die Vorhaben zu einem Erfolg werden zu lassen.

Unter anderem Coaching der beteiligten Teammitglieder und Schulung im Projektmanagement, um einen Beitrag zur späteren „Selbsthilfe“ zu leisten, sind die Beiträge, die der Berater leisten kann, um die kurzfristige Bewältigung einer Krise und die Neuausrichtung des Unternehmens, mit dem Ziel des gesicherten langfristigen Unternehmenserfolgs, zu unterstützen.

8. Literatur

1) Mees, J./ Oefner-Py, S./Sünnemann, K.-O.: Projektmanagement in neuen Dimensionen : das Helogramm zum Erfolg, Edition Gabler´s Magazin, Wiesbaden 1993

2) RKW e.V./ GPM e.V.: Projektmanagement Fachmann, Eschborn / München 1991

Prof. Dr. Friedrich-Karl Feyerabend
Fachhochschule Gießen-Friedberg

Grundsatzfragen zur Finanzierung im Rahmen von Projekten

Eine praktische Handreichung zur Kreditaufnahme mittelständischer Unternehmen

Bei jedem Projekt - sei es die Anschaffung einer neuen Maschine in einem mittelständischen Betrieb oder die geplante Ausbeutung eines Ölfeldes durch einen multinationalen Konzern - stellt sich die Frage der Finanzierung. Ohne Kapital ist kein Projekt zu realisieren. Unter diesem Aspekt gehören auch Fragen der Finanzierung in einem weiteren Sinne zum Projektmanagement und sind damit auch Thema dieser Vortragsreihe. Die gesamte Palette von Investition und Finanzierung[1] würde aber den hier gesetzten Rahmen eines Referates sprengen. Sie ist im übrigen Bestandteil der Pflichtvorlesungen in BWL. Die notwendige Eingrenzung des Themas wird daher anhand eines praktischen Beispiels vorgenommen, das dem Blickfeld der Teilnehmer dieser Veranstaltung entsprechen dürfte: Ein mittelständisches Unternehmen plant die Ausweitung seiner Produktion, schafft hierzu eine neue Maschine an und benötigt hierfür einen Kredit in Höhe von DM 100.000,--. Damit stellen sich folgende Fragen:

- Welche Überlegungen muß der Kreditnehmer anstellen?

- Was wird Gegenstand der Verhandlungen mit der Bank?

- Auf welchen Kriterien beruht ihre Entscheidung?

- Welche Verträge werden schließlich geschlossen?

[1]siehe hierzu z.B.: Christians (Hrg.), Finanzierungshandbuch, Wiesbaden 1988; Däumler, Betriebliche Finanzwirtschaft, Herne 1993; Grill/Perczynski, Wirtschaftslehre des Kreditwesens, Bad Homburg v.d.H. 1993; Jacob/Klein/Nick, Basiswissen Investition und Finanzierung, Wiesbaden 1994; Spremann, Investition und Finanzierung, München, Wien 1991.
Darstellungen zur Kreditaufnahme aus Sicht des Kreditnehmers siehe z.B.: Oberhettinger (Hrg.), Der Finanzierungsberater, Bonn, Loseblattausgabe; Vetter, Ratgeber für den Mittelstand, Umgang mit der Bank, Hrg: Deutscher Industrie- und Handelstag, Bonn 1995.

Bevor die Kreditaufnahme der "Friedberger Beispiels GmbH" anhand von Orginalformularen der Volks- und Raiffeisenbanken - an dieser Stelle vielen Dank für die Mithilfe - demonstriert wird, sei das theoretische Gerüst durch einige Schlüsselbegriffe in Erinnerung zurückgerufen.

1. Investition und Finanzierung

Das Grundschema der Bilanz zeigt den Zusammenhang von Investition und Finanzierung[2].

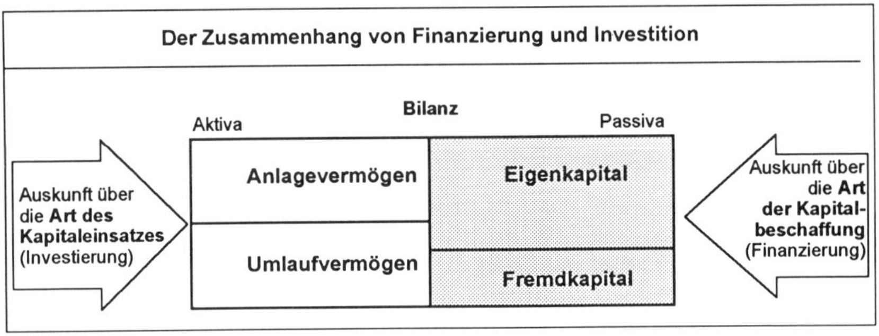

Die Aktivseite gibt Aufschluß über die Art des Kapitaleinsatzes, Investition ist Kapitalverwendung, Geldkapital wird in Vermögen, z.B. Gebäude, Maschinen, Rohstoffe angelegt. Dabei wird zwischen Sach- (z.B. Grundstücke) und Finanzinvestitionen (z.B. Beteiligungen) unterschieden.

Die Passivseite zeigt die Art der Kapitalbeschaffung - Finanzierung. Nach den Kapitalgebern wird zwischen Eigen- (Eigenkapital) und Fremdfinanzierung (Fremdkapital) differenziert. Nach dem Kriterium "Kapitalherkunft" stehen sich Innenfinanzierung (Kapitalbildung im Unternehmen) und Außenfinanzierung (Kapitalzufluß von außen) gegenüber.

[2]aus: Grill/Perczynski a.a.O. (Fn 1), S.234

Die Finanzierungsarten können so systematisiert werden:[3]

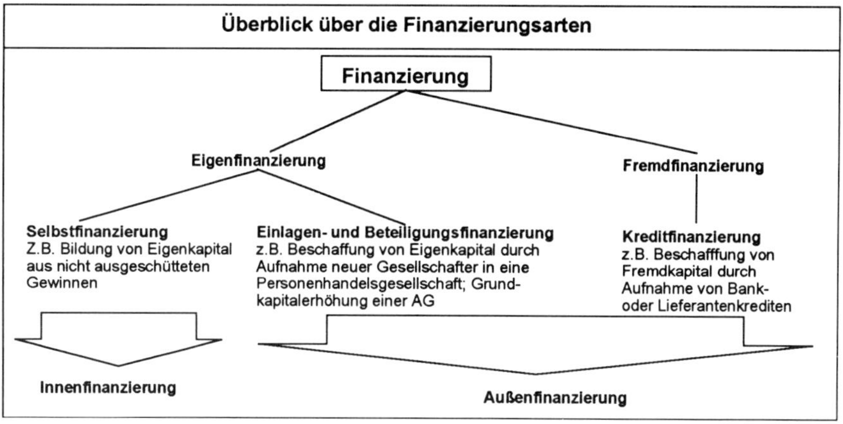

Die Finanzierung von Investitionen erfolgt durch Eigen- und/oder Fremdkapital; im letzteren Fall werden Kredite zur zeitweisen Verstärkung der Kapitalgrundlage aufgenommen. Dabei dienen kurzfristige Bankkredite der Finanzierung des Umlauf-, langfristige der Finanzierung des Anlagevermögens. Dies kommt etwa in der "Goldenen Bilanzregel" zum Ausdruck. Danach muß das vorhandene Anlagevermögen durch Eigenkapital und langfristiges Fremdkapital gedeckt sein. [4]

Dabei werden Bankkredite unter den Kriterium "Fristigkeit" in kurz- (Laufzeit bis zu 1 Jahr), mittel- (1-4 Jahre) und langfristige (über 4 Jahre) eingeteilt.

Formen der langfristigen Fremdfinanzierung sind neben langfristigen Bankkrediten noch Obligationen (langfristige Darlehen, die Großunternehmen oder der Staat über die Börse von einer Vielzahl von Darlehensgebern aufnehmen) und Schuldscheindarlehen (anleiheähnliche, langfristige Großkredite, die unter Ausschaltung der Börse vorwiegend bei Nichtbanken-Kapitalsammelstellen aufgenommen werden).[5]

[3]aus: Grill/Perczynski a.a.O. (Fn 1), S.234
[4]siehe hierzu Spremann a.a.O. (Fn 1), S.202
[5]Däumler a.a.O. (Fn 1), S. 96, 115, 138

2. Prüfung des Kreditgesuches

Das Kreditinstitut prüft die Kreditfähigkeit und die -würdigkeit des Kunden sowie die angebotenen Sicherheiten.[6]

2.1 Kreditfähigkeit

Kreditfähigkeit ist die Fähigkeit, rechtswirksam Verträge abschließen zu können. Kreditfähig sind voll geschäftsfähige natürliche Personen, juristische Personen des öffentlichen und privaten Rechtes (z.B. eine GmbH) und Personenhandelsgesellschaften. Bei aus vorangegangenen Kontoverbindungen bekannten Kunden ist ein besondere Prüfung der Kreditfähigkeit nicht erforderlich; in den übrigen Fällen wird der Personalausweis oder ein beglaubigter Auszug eines öffentlichen Registers vorgelegt. Bei juristischen Personen ist so die Legitimation der Vertreter zur Kreditaufnahme zu prüfen.

2.2 Kreditwürdigkeit

Kreditwürdigkeit bedeutet, ob vom Darlehensschuldner die vertragsmäßige Erfüllung der Verpflichtungen (Zins und Tilgung) erwartet werden kann. Dabei wird zwischen **persönlicher** (persönliche Integrität, berufliche Qualifikation, unternehmerischer Fähigkeit) und **materieller** (wirtschaftlicher) Kreditwürdigkeit unterschieden.

2.2.1 Persönliche Kreditwürdigkeit

Vertrauenswürdigkeit und fachliche Qualifikation des Inhabers oder des Managements spielen gerade bei mittelständischen Unternehmen eine Schlüsselrolle, da Erfolg oder Mißerfolg dieser Betriebe sehr eng mit der Leitung verbunden ist. Techniker (Ingenieure, Handwerksmeister) sollten bereits in einem ersten Gespräch mit der Bank deutlich machen, daß ihnen die kaufmännische Seite der Unternehmensführung genauso wichtig ist wie die technische. Hier kann es zweckmäßig sein, den kaufmännischen Leiter oder Experten, wie z.B. den Steuerberater, zum Kreditgespräch hinzuzuziehen. Die Bank sollte sehen, daß typische Fehler

---

[6] siehe hierzu z.B.: Däumler a.a.O. (Fn 1), S. 97 ff; Grill/Perczynski a.a.O. (Fn 1), S. 238 ff

technisch orientierter Unternehmer, wie mangelhafte Preiskalkulation, falsche Finanzierung oder unzureichende Unternehmensplanung, vermieden werden. [7]

Die Einschätzung der Kreditwürdigkeit hängt natürlich auch davon ab, welche Erfahrungen die Bank bereits durch vorausgegangene Zusammenarbeit - etwa in der Funktion der Hausbank - hat. Einwandfreie Kontoführung, vertragsgemäße Rückzahlung früherer Kredite, rechtzeitige Kontaktaufnahme bei geschäftlichen Schwierigkeiten etc. tragen zu einem Vertrauensverhältnis bei, das eine positive Entscheidung der Bank erleichtert. So wichtig unter diesem Aspekt die Hausbank ist, ein Firmenkunde sollte gleichwohl in aller Regel mit Kreditinstituten verschiedener Bankengruppen zusammenarbeiten. Dies schafft in Zeiten rasch wechselnder Konditionen Vergleichsmöglichkeiten und mindert das Risiko, von einer Bank abhängig zu werden. Bei einer Zusammenarbeit mit mehreren Banken sollte ein Kreditinstitut Hausbankfunktion erhalten, die Zusammenarbeit mit weiteren Banken nicht verschwiegen werden.[8] Andererseits stärkt der Gesamtumfang der mit einem Kreditinstitut abgewickelten Geschäfte den Verhandlungsspielraum des Kunden, so daß unter diesem Gesichtspunkt die Zusammenarbeit mit nur zwei bis drei Instituten oft zweckmäßig ist.[9]

Wichtig ist in jedem Fall der persönliche Kontakt mit den Entscheidungsträgern der Bank. Hier ist von Bedeutung, ob bei wichtigen Fragen ein branchenkundiger Firmenkundenberater oder sogar der Vorstand selbst zur Verfügung steht. Der für das Unternehmen zuständige Bankmitarbeiter sollte über die notwendige Kompetenz verfügen. Grundsätzlich kann der Leiter einer Abteilung oder einer Filiale die von seinen Mitarbeitern genannten Konditionen verbessern, bei Krediten reicht der Spielraum bis zu einem halben Prozentpunkt Zinsreduzierung.[10] Fester Bestandteil der notwendigen Kontaktpflege sollte jährlich mindestens ein Bilanzgespräch sein.

In welchem Umfang in einem Kreditgespräch Fragen aus dem persönlichen Bereich eine Rolle spielen, hängt natürlich weitgehend

---

[7] Herke, in Oberhettinger (Hrg.) Der Finanzierungsberater a.a.O. (Fn 1), K 45/005
[8] siehe hierzu Herke, in Oberhettinger (Hrg.) Der Finanzierungsberater a.a.O. (Fn 1), F 20/ 001 ff
[9] Vetter a.a.O. (Fn 1), S. 8
[10] Vetter a.a.O. (Fn 1), S. 7

davon ab, wie gut der Kunde bereits bekannt ist. In jedem Fall sollte der Kunde jedoch auf Fragen zur Unternehmensnachfolge und den Regelungen hierzu im Gesellschaftsvertrag vorbereitet sein. Gleiches gilt für Fragen zur Rechtsform der Firma. Eher die Privatsphäre betreffen Fragen zum vereinbarten Güterstand. Hintergrund ist, daß im Falle einer Scheidung ein zu zahlender Zugewinnausgleich die Firma ruinieren kann.

2.2.2 Materielle Kreditwürdigkeit

Die Prüfung der **materiellen** (wirtschaftlichen) Kreditwürdigkeit umfaßt bei Unternehmen die gegenwärtige und die zukünftig zu erwartende Ertrags- und Liquiditätslage sowie die Vermögens- und Kapitalstruktur. Grundlage für die Prüfung sind Jahresabschlüsse, Auskünfte der Kontoführung, externe Auskünfte, Handelsregister- und Grundbuchauszüge, Gesellschaftsverträge und Betriebsbesichtigungen. Nach § 18 KWG hat sich das Kreditinstitut von Kreditnehmern, denen Kredite von insgesamt DM 100.000,-- (ab 01.01.1996 : DM 250.000,--) gewährt werden, die wirtschaftlichen Verhältnisse , insbesondere durch Vorlage der Jahresabschlüsse, offenlegen zu lassen. Das Kreditinstitut kann hiervon absehen, wenn das Verlangen nach Offenlegung im Hinblick auf die gestellten Sicherheiten oder auf die Mitverpflichteten offensichtlich unbegründet wäre. Bei einer geringeren Verschuldung können die Kreditinstitute die Offenlegung im eigenen Interesse verlangen.

Im Rahmen der Unternehmensanalyse werden in einem ersten Schritt von den Kreditinstituten die Bilanz und die GuV aufbereitet, d.h. bestimmte Positionen werden zusammengefaßt bzw. aufgerechnet. EDV-gestützt werden danach bestimmte Kennzahlen errechnet. In einem dritten Schritt folgt dann die Auswertung durch einen Vergleich der Ergebnisse mehrerer Geschäftsjahre desselben Unternehmens (Zeitvergleich) und durch einen Vergleich mit den Durchschnittskennzahlen der betreffenden Branche. Anhand der Abweichungen läßt sich feststellen, ob das Unternehmen eine günstige, eine durchschnittliche oder eine negative Entwicklung genommen hat. Zwar unterscheiden sich die Analyseprogramme der verschiedenen Bankengruppen in einzelnen Punkten, sie sind jedoch grundsätzlich miteinander vergleichbar. Für eine genaue

Gegenüberstellung ist allerdings erforderlich, daß die spezifische Definition von Schlüsselgrößen, wie etwa "cash-flow", bekannt ist. So verwenden beispielsweise die Sparkassen den Begriff des "wirtschaftlichen Eigenkapitals". Er umfaßt die Summe aus Stammkapital, 50% der Sonderposten mit Rücklagenanteil, langfristige Gesellschafterdarlehen, Familiendarlehen, Eigenkapitalhilfedarlehen sowie Einlagen stiller Gesellschafter.

Die Fülle der ausgewiesenen Kennzahlen[11] läßt sich in drei Gruppen einteilen:

a) **Finanzierungskennzahlen** zeigen die Kapital- und Vermögensstruktur sowie die Investierung im Unternehmen. Eine herausragende Größe ist hier die Eigenkapitalquote: Eigenkapital x 100 / Bilanzsumme. Je größer der Eigenkapitalanteil, um so niedriger die notwendige Kreditaufnahme, um so weniger Fremdkapitalzinsen fallen an. Eine hohe Eigenkapitalquote erweitert den Kreditaufnahmespielraum und bedeutet so eine "Geldbeschaffungsreserve".

b) **Liquiditätskennzahlen** geben Aufschluß über die Fähigkeit des Unternehmens, seinen kurzfristigen Zahlungsverpflichtungen nachkommen zu können. Hierzu werden die liquiden Mittel (z.B.: 1. Ordnung = Kassenbestand, Bankguthaben, Schecks und bundesbankfähige Wechsel) zu den kurzfristigen Verbindlichkeiten ins Verhältnis gesetzt. So ist beispielsweise die Barliquidität definiert als: liquide Mittel 1. Ordnung x 100 geteilt durch kurzfristige Verbindlichkeiten. Die Barliquidität sollte an 100% heranreichen, denn nur dann können die kurzfristigen Verbindlichkeiten jederzeit erfüllt werden.

c) **Erfolgs- oder Ertragskennzahlen** beurteilen die Rentabilität des Unternehmens. Sie geben eine Aussage über die Verzinsung des investierten Kapitals (z.B.: Eigenkapitalrendite), den prozentualen Anteil des Jahreserfolges an den Umsatzerlösen (z.B.: Umsatzrendite) sowie über den Rückfluß des investierten Kapitals ("return on investment"). Eine Schlüsselgröße ist hierbei die Umsatzrentabilität, definiert als : Gewinn (Jahresüberschuß) oder Betriebsergebnis x 100 / Umsatz.

[11] siehe hierzu ausfürlich z.B.: Grill/Perczynski a.a.O. (Fn 1), S. 242 ff;; Grosjean, in Oberhettinger (Hrg.) Der Finanzierungsberater K 32/001

2.3 Kreditsicherheiten

Das Kreditinstitut geht mit jeder Kreditvergabe ein Risiko ein, das es mit einer angemessenen Besicherung [12] geringhalten will. Zwar hat die vorangegangene Kreditwürdigkeitsprüfung zu dem Ergebnis geführt, daß die vertragsmäßige Abwicklung des Kredits erwartet werden kann, jedoch verbleiben stets latente Risiken, die zum Zeitpunkt des Vertragsschlusses noch nicht erkennbar sind, so z.B. branchenspezifische konjunkturelle Einbrüche, allgemeine Rezessionen, aber auch private Probleme, wie etwa Ehescheidungen. Lediglich aufgrund der Kreditwürdigkeitsprüfung gewährte Blankokredite - sehr gute Bonität - bleiben daher die Ausnahme, in der Regel müssen mittelständische Unternehmen Sicherheiten stellen.[13] Es gibt dabei keine grundsätzliche Bestimmungen über Art und Umfang der zu stellenden Sicherheit, es wird jeweils im konkreten Fall entschieden, wobei auf ein angemessenes Verhältnis zwischen Kreditvolumen und Besicherung zu achten ist.

Überblick über die Kreditsicherheiten

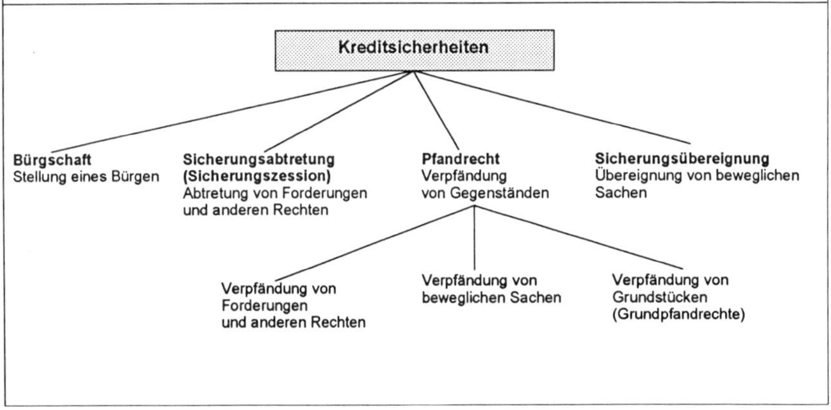

Kreditinstitute stufen Sicherheiten nach den Kriterien, einfach bewertbar, wertbeständig und leicht verwertbar, ein. Alle genannten Sicherheiten bieten Vor- und Nachteile, so erlaubt beispielsweise eine

[12] siehe hierzu ausfürlich z.B.: Grosjean, in Oberhettinger (Hrg.) Der Finanzierungsberater a.a.O. (Fn 1), S 52/001; Vetter a.a.O. (Fn 1), S. 10 ff

[13] Übersicht über Kreditsicherheiten siehe unten, aus Grill/Perczynski a.a.O. (Fn 1), S. 245

Sicherungsübereignung die weitere Nutzung durch den Kreditnehmer, sie ist aber durch die Bank nur schwer bewertbar, da u.U. Wertgutachten oder das Erstellen von Lagerlisten erforderlich sind. Eine Sicherungsübereignung von Betriebsmitteln oder Waren ist daher bei den Banken weniger beliebt. Generell als erstklassige Sicherheiten gelten die Verpfändung von Konto- und Sparguthaben, Wertpapierdepots (allerdings Abschläge) sowie erstrangige Grundschulden. Welche Sicherheiten für den beantragten Kredit zu stellen sind, ist Teil der Verhandlungen mit der Bank. Im Interesse des Kreditnehmers liegen dabei folgende Gesichtspunkte: [14]

- Bei guter Bonität sollte der Kunde einen hohen Blankoanteil des Kredites anstreben (geringe Sicherheiten), freie Kreditsicherheiten eröffnen zusätzlichen Finanzierungsspielraum; zunächst sollten die weniger guten Sicherheiten angeboten werden, um bei Bedarf noch steigern zu können.

- Bei erstklassigen Sicherheiten sollten bessere als die üblichen Konditionen erreicht werden (Zinsreduzierung etwa 1/2 Prozentpunkt).

- Keine Überbesicherung - Sicherheiten über das Gesamtvolumen der Kredite hinaus - akzeptieren. Eine durch die - teilweise - Tilgung des Darlehens entstandene Überbesicherung läßt sich durch die Rückgabe von Sicherheiten aufheben. Der Kreditnehmer hat nach den AGB von Banken und Sparkassen in diesen Fällen "auf Verlangen" das Recht auf Rückgabe von Sicherheiten. Hierzu muß er von Zeit zu Zeit die Summe seiner Kredite der entsprechenden Absicherung gegenüberstellen und die Bank (am besten schriftlich) zur Freigabe auffordern.[15]

Umgekehrt haben die Kreditinstitute nach den AGB ein Recht auf die nachträgliche Verstärkung von Sicherheiten unter der Voraussetzung der Verschlechterung der wirtschaftlichen Verhältnisse des Kunden oder des Wertes bestehender Sicherheiten. Pauschale Hinweise, etwa auf eine nachhaltige wirtschaftliche Rezession, sind in diesem Zusammenhang jedoch äußerst zweifelhaft. Die Bank muß einen triftigen Grund nennen,

---

[14] Vetter a.a.O. (Fn 1), S. 14

[15] Musterbrief hierzu siehe bei Herke, in Oberhettinger (Hrg.) Der Finanzierungsberater a.a.O. (Fn 1), S 80/033

der Kunde sollte daher auf einer detaillierten Begründung für das Verlangen nach zusätzlichen Sicherheiten bestehen.[16]

3. Objektkredit oder Unternehmenskredit

Unter Finanzierungsgesichtspunkten ist zwischen einem sog. **Objektkredit** einer- und einem **Unternehmenskredit** als Normalfall andererseits zu unterscheiden. Bei einem Objektkredit werden Finanzierungskosten und Rückzahlung aus vertraglich abgesicherten, nachhaltig erzielbaren laufenden Verträgen aufgebracht, ein Musterbeispiel hierfür ist die gewerbliche Vermietung städtischer Immobilien an erste Adressen. Der Unternehmenskredit dagegen dient nicht nur der Beschaffung bestimmter Kapitalgüter, sondern zusammen mit den Eigenmitteln der langfristigen Unternehmenssicherung überhaupt. Für die Kreditentscheidung sind daher die Risikofelder maßgeblich, in denen sich das Unternehmen als Ganzes bewegt.[17]

Unter einer **Projektfinanzierung** wird eine Kreditfinanzierung für große Investitionsvorhaben, z.B. für die Erschließung von Energie- und Rohstoffvorkommen oder für den Bau von Industrieanlagen oder Kraftwerken, verstanden. Das Projekt ist dabei als sich selbst tragende Wirtschaftseinheit konzipiert und wird von einer rechtlich selbständigen Projektgesellschaft betrieben. Die Kreditvergabe beruht auf dem Ertragspotential des Projektes. Vor der Entscheidung über eine Projektfinanzierung sind daher die technischen, wirtschaftlichen und politischen Risiken zu analysieren, um die Durchführbarkeit und die erwartete Rentabilität des Projektes zu ermitteln.[18]

4. Förderprogramme der öffentlichen Hand

Für jedes mittelständische Unternehmen stets interessant sind die Förderprogramme der öffentlichen Hand; zur Stärkung der Wirtschaftsstruktur bieten Bund und Länder ständig Sonderkreditprogramme an. Ausgestaltung und Ziele sind dabei sehr

[16] siehe hierzu Vetter a.a.O (Fn 1), S. 15 ff, 16
[17] Krüger, in Christians (Hrg.) Finanzierungshandbuch a.a.O. (Fn 1), S. 278
[18] siehe hierzu z.B.:Vahlens großes Wirtschaftslexikon, hrsg. von Dichtl und Issing, München 1993, Stichwort "Projektfinanzierung"

unterschiedlich, teilweise sollen bestimmte Branchen oder Regionen gefördert werden, darüber hinaus generell die Existenzgründung. Eine Darstellung würde den Rahmen dieses Referates sprengen, es muß daher der Hinweis auf einige kostenfrei anzufordernde Broschüren genügen. [19]

5. Ein Praxisbeispiel: Kreditaufnahme eines mittelständischen Unternehmens

5.1 Überlegungen des Investors

5.1.1 Investitionsrechnung

Ob sich die Investition, die Anschaffung der neuen Maschine, rentiert, entscheidet sich erst nach Jahren. Um bereits jetzt die notwendige Planungssicherheit zu gewinnen, ist in einem ersten Schritt eine Investitionsrechnung erforderlich. In ihr werden die zu erwartenden Einnahmen und Ausgaben so genau wie möglich gegenübergestellt (Beispiel siehe Anlage 1[20]).

Bei aller Bedeutung einer exakten Investitionsrechnung, über den Erfolg der Investition entscheiden nicht allein die Zahlen, sondern in mindestens gleichem Umfang die beteiligten Personen. Die Investition muß daher "personalisiert" werden, d. h. es ist ein verantwortlicher Projektleiter und bei größeren Investitionen auch ein Projektteam zu bestimmen. Damit kommen die im Rahmen dieser Vortragsreihe behandelten Methoden des Projektmanagements zun Tragen. Hierzu gehört auch eine genaue Personal-, Termin- und Kostenplanung, wobei mögliche Überschreitungen nicht ausgeschlossen werden können (Puffer erforderlich). Im Laufe des Projektfortschritts gewinnt der Informationsfluß besondere Bedeutung; so ist regelmäßig, mindestens jedoch einmal im Monat, ein Bericht erforderlich, in dem u.a. die gehaltenen und überschrittenen Termine sowie Kosten aufgeführt werden.

---

[19] Bundesministerium für Wirtschaft, Referat Öffentlichkeitsarbeit/Versand, Villemombler Str. 76, 53107 Bonn, "Die ERP Programme"; "Starthilfe, Der erfolgreiche Weg in die Selbständigkeit"; "Wirtschaftliche Förderung in den alten Bundesländern";"Wirtschaftliche Förderung in den neuen Bundesländern";
Deutsche Ausgleichsbank, Wieland Str. 4, 53170 Bonn,,"Wir fördern Existenzgründungen,Umweltschutz und neue Technologien - Programme, Richtlinien, Merkblätter"
[20] aus: Bockholt, in Oberhettinger (Hrg.) Der Finanzierungsberater a.a.O. (Fn 1), I 43/014/15

5.1.2. Konzepte zu Produktion und Personal, Controlling sowie Marketing

Neben dem letzten Jahresabschluß und den Sicherheiten erwartet die Bank in einem Kreditgespräch für eine Investition - ab einer gewissen Größenordnung - auch ein Konzept zu Produktion und Personal, Controlling sowie Marketing. In diesem Zusammenhang sollte der Kreditnehmer auf folgende Fragen vorbereitet sein:[21]

- Was soll produziert werden ?
- Unterliegt die Produktpalette starken technologischen Entwicklungen ?
- Wie stimmt der organisatorische Ablauf im Unternehmen vom Auftrag bis zur Produktion, Beschaffung und Vertrieb im Verbund mit Kalkulation und Buchhaltung überein ?

- Wie funktioniert die Finanzbuchhaltung ? Existiert eine aussagefähige Kostenrechnung ?
- Verfügt das Unternehmen über Planungsrechnungen im Umsatz, in der Finanzierung und in der Kostenrechnung ?

- Wie groß ist die potentielle Konkurrenz auf dem regionalen und überregionalen Markt ?
- Welche Instrumente und Personen werden zur Gewinnung von Neukunden eingesetzt ?

5.1.3 Vorbereitung auf das Kreditgespräch

Die Vorbereitung auf das Kreditgespräch ist natürlich zunächst von der Höhe des beantragten Kredites abhängig. Darüber hinaus spielt eine Rolle, ob es sich um einen Kreditantrag bei der Hausbank handelt oder ob neue Geschäftsbeziehungen angebahnt werden sollen. Im letzteren Fall kann eine formalisierte Kreditantragsmappe mit allen wesentlichen Informationen zu dem Unternehmen und dem Finanzierungsvolumen zweckmäßig sein [22], in der ersten Variante wäre sie übertrieben. In jedem Fall muß der Kreditnehmer die angesprochenen Gesichtspunkte kennen und aktuelle Unterlagen parat haben. Hierzu gehört z. B. auch , daß ihm die Kennzahlen seiner Branche bekannt sind (u.U. Rückfrage bei der

[21] siehe hierzu ausführlich Bockholt, in Oberhettinger (Hrg.) Der Finanzierungsberater a.a.O. (Fn 1), I 39/001 ff

[22] siehe hierzu ausführlich Herke, in Oberhettinger (Hrg.) Der Finanzierungsberater a.a.O. (Fn 1), K 45/001 ff / 021

Branchenorganisation). Ergibt sich beispielsweise eine ungünstigere Eigenkapitalquote oder Umsatzrendite als im Durchschnitt, so kann sich der Kreditnehmer gegen kritische Fragen hierzu wappnen, die Gesprächsinitiative ergreifen und sie erklären.

Zweckmäßige Hilfsmittel zur Vorbereitung auf ein Kreditgespräch sind Checklisten, in denen die wichtigsten Unterlagen und häufig vorkommende Fragen sowie Konditionenabfragen zusammengestellt sind. Hierzu gibt es Muster[23], eine andere Möglichkeit ist, sich die herausragenden Punkte selbst aufzulisten.

Darüber hinaus gehört hierzu auch ein Überblick über die aktuellen Zinssätze verschiedener Kreditinstitute. Erkennt der Partner, daß der Kunde informiert ist, steigen seine Chancen auf einen attraktiven Effektivzins. Daneben ist der Hinweis auf den Gesamtgeschäftsumfang, der mit dem Institut abgewickelt wird, vielfach ein gutes Argument zur Reduzierung der Kreditzinsen. Generell gilt der Grundsatz: je höher die Kreditwürdigkeit, desto niedriger der Zinssatz.[24]

5.2 Die Kreditentscheidung durch das Kreditinstitut

Die Ergebnisse der Prüfung des Kreditgesuchs werden vom Kreditsachbearbeiter in einer Beratungsvorlage zusammengefaßt, an deren Ende sein Votum für die Entscheidung durch die zuständigen Bankgremien steht (Beispiel siehe Anlage 2).

6. Die Vertragsgestaltung

Über die Kreditvergabe und die zu stellenden Sicherheiten werden anschließend Verträge geschlossen, wobei Bank und Kunde zwar in der Gestaltung grundsätzlich frei sind, Kreditinstitute in aller Regel jedoch vorgefertigte Formularverträge einsetzen. Die Verträge werden von Bankjuristen der aktuellen Rechtsprechung angepaßt und sind selbstverständlich so gestaltet, daß sie dem Kreditinstitut möglichst viele Rechte einräumen, ohne jedoch gegen Rechtsvorschriften zu verstoßen.

[23]siehe z.B.: Herke, in Oberhettinger (Hrg.) Der Finanzierungsberater a.a.O. (Fn 1), B 18/030 ff
[24]Vetter a.a.O. (Fn 1), S. 10,11

Neben dem Zinssatz verdienen folgende Punkte besondere Aufmerksamkeit:[25]

- Stimmt die Kreditnehmerbezeichnung mit der Firmenbezeichnung überein ?

- Ist der Verwendungszweck so definiert, daß die Kreditmittel auch hierfür eingesetzt werden können ?

- Ist eine 100% ige Auszahlung des Darlehensbetrages vereinbart ?

- Berechnet die Bank eine Bearbeitungsgebühr ?

-Welche Kosten kommen als sog. Nebenleistungen noch auf den Kreditnehmer zu ? Hat die Bank die Kosten in die Berechnung des Effektivzinssatzes einbezogen ?

- Ist eine außerplanmäßige Tilgungsmöglichkeit vereinbart ?

Sind alle auszuhandelnden Punkte geklärt, sollte der Verhandlungspartner auf Seiten der Bank um die Übersendung der vorformulierten Verträge gebeten werden, damit ohne Zeitdruck eine abschließende Prüfung möglich ist. Eine sofortige Unterzeichnung im Anschluß an die Kreditverhandlung birgt die Gefahr von übereilten Entschlüssen.[26]

---

[25] siehe hierzu Herke, in Oberhettinger (Hrg.) Der Finanzierungsberater a.a.O. (Fn 1), K 85/001 ff / 022
[26] Vetter a.a.O. (Fn 1), S 11

Anlage 1

Musterbeispiel Investitionsrechnung:

So kalkuliert Pesch die Investition in die neue Maschine

	1991	1992	1993	1994	1995	1996
AUSGABEN						
Einmalige Ausgaben						
Maschine	100.000 DM	—	—	—	—	—
CAD-Software	30.000 DM	—	—	—	—	—
CAD-Hardware	20.000 DM	—	—	—	—	—
Einführung/Test	10.000 DM	—	—	—	—	—
Schulung	10.000 DM	—	—	—	—	—
Umbau	30.000 DM	—	—	—	—	—
Laufende Ausgaben						
Material	—	41.000 DM	41.000 DM	43.000 DM	44.000 DM	44.000 DM
Material-Gemeinkosten	—	4.000 DM	4.000 DM	4.200 DM	4.200 DM	4.200 DM
Fertigungs-Einzelkosten	—	52.000 DM	52.000 DM	57.000 DM	58.000 DM	58.000 DM
Fertigungs-Gemeinkosten	—	5.000 DM	5.000 DM	5.300 DM	5.300 DM	5.300 DM
Energie	—	10.000 DM	10.000 DM	11.000 DM	11.000 DM	11.000 DM
Verwaltung	—	2.000 DM	2.000 DM	2.200 DM	2.200 DM	2.200 DM
Vertrieb	—	1.000 DM	1.000 DM	1.200 DM	1.200 DM	1.200 DM
Summe Ausgaben	200.000 DM	115.000 DM	115.000 DM	123.900 DM	125.900 DM	125.900 DM
Einnahmen						
Umsatzerlöse	—	174.000 DM	179.000 DM	181.000 DM	181.000 DM	180.000 DM
Fördermittel	—	—	—	—	—	—
Schrotterlös	—	—	—	—	—	—
Summe Einnahmen	—	174.000 DM	179.000 DM	181.000 DM	181.000 DM	180.000 DM
Rückfluß (Einnahmen – Ausgaben)	**– 200.000 DM**	**+ 59.000 DM**	**+ 64.000 DM**	**+ 57.100 DM**	**+ 55.100 DM**	**+ 54.100 DM**

Bemerkungen:

Für die Geschäftsleitung: ____________ (Unterschrift)

Für den Vertrieb: ____________ (Unterschrift)

Für die Finanzierung: ____________ (Unterschrift)

Für die Produktion: ____________ (Unterschrift)

Für.................. ____________ (Unterschrift)

Erstellen Sie jeweils Kosten-Nutzen-Analysen für das Investitionsjahr und die Folgejahre. Für Ihre Feinplanung setzen Sie entsprechende Monatsübersichten nach diesem Muster ein

Eine Berechnung nach diesem Schema ist eine wichtige Grundlage für Ihr Bankgespräch. Lassen Sie die Berechnung von den verantwortlichen Mitarbeitern unterschreiben.

Anlage 2

Beratungsvorlage

Firmenkunden/gewerbliche Kunden

Nr. : 007 vom: 19.10.1994

Kreditberater : Herr Müller

Gruppe/Teilmarkt : SÜD

Sachbearbeiter : Herr Schulze

Antragsteller:

Friedberger		Gründungsdat. :	23.11.1990
Beispiel GmbH		Rechtsform :	GmbH
Musterstraße 1		Branche :	Maschinenbau
61169 Friedberg		Telefon :	06031/7777

Handelsregister:

Amtsgericht: Friedberg HRA/HRB Nr. : 4711

Gesellschafter:	Kapitalanteil TDM/%
Franz Meier	50 = 100 %

Geschäftsführer:

Franz Meier

Vermögensverhältnisse - Jahresabschluß zum 31.08.1993

	TDM		TDM		TDM
Anlageverm. :	76,4	Eigenkapital :	251,4	Gewinn/Verlust:	465,5
		Fremdkapital :	1.980,5	Einlagen :	-----
Umlaufverm. :	2.155,5	Verbindlichk. :	1.361,3	Entnahmen :	-----
Sonst. Aktiva :	-----	Sonst. Passiva :	-----	Afa :	52
Betriebsumsatz : lfd. Jahr	7.788	Vorjahr :	4.238	Vorvorjahr :	

zusätzlich/alternativ
- Einkommensteuerbescheid
- Gewinnermittlung (Einnahmen-/Überschußrechnung)
- Geschäftsführergehalt/Ehegattengehalt

Beantragte Kredite

	1	2	3
lfd. Nr.	3400.0000.07		
Kontoart	Darlehen		
Beantragte DM	100.000,--		
Nominalzins %	9,5 %		
fest bis	31.10.1998		
Belastung ab	Darlehensvalutierung		
zu belastendes Konto	|_|_|_|_|_|_|0|0|7|		
zum	30. e. j. Monats		
Auszahlung %	100 %		
Disagio %	------		
Laufzeit bis	31.10.1998		
Tilgung DM/%	2.512,50		
Tilgungszeitraum	4 Jahre		
Tilgung ab	30.11.1994		

Summe der beantragten Kredite: 100.000,--

Bemerkungen:

keine

Weitere Vereinbarungen zur Vertragsgestaltung

( ) Einmalige Bearbeitungsgebühr von DM ....

% ....

( ) Lfd. Verwaltungskostenbeitrag von jährlich aus dem ursprünglichen Darlehnsbetrag ....

( ) Bereitstellungsprovision % ....

auf den ab ....
nicht zur Auszahlung gekommenen
Darlehns(teil)betrag bis zur vollen
Auszahlung

( ) Einmalige Abstandsprovision von % ....
auf den endgültigen nicht zur Aus-
zahlung kommenden Darlehns(teil)-
betrages

( ) Vorfälligkeitsentschädigung von % ....

des vor Fälligkeit gezahlten Betrages DM ....

( ) Sondertilgungen sind möglich
(max. 30 % pro Jahr) ....

( ) ....

Verwendungszweck:

Maschineninvestitionen

Zu stellende Sicherheiten

Nr. Beschreibung der Sicherheit:

1. Bürgschaft TDM 100 des Gesellschafters / Geschäftsführers

2. Sicherungsübereignung der zu erwerbenden Maschine

3. ....

4. ....

Interne Vermerke:

Fremdauskunft:

bei Neukunden ggf. erforderlich ( ) ja (X) nein

Cross-Selling-Produkte

a) Lebensversicherungen : vorhanden

b) Sachversicherungen : Hinweis an R & V - Sachversicherung, da Kundin die Maschine dort versichern will.

c) Bausparverträge : --------

Votum des Marktmitarbeiters zur Übernahme auf das Kreditprotokoll

Nach dem Verlust des Geschäftsjahres 1992 in Höhe von TDM 282 weist die Firma jetzt einen Jahresüberschuß von TDM 465 aus. Diese positive Entwicklung wird durch das vorläufige Ergebnis per 08/1994 in Höhe von rund TDM 800 untermauert. Der wirtschaftliche Umsatz des Unternehmens liegt jetzt durchschnittlich bei Mio. 1 monatlich. Insofern sind die vom Unternehmen prognostizierten Zahlen bisher eingetreten. Die weitere Entwicklung bleibt abzuwarten.

Der Antrag wird befürwortet: (X) ja / ( ) nein

Vorschlag für die Bonitätsgruppeneinstufung: 2

19.10.1994 gez. Müller

\- Datum - \- Unterschrift -

Prof. Dr.-Ing. Michael Behrens
Fachhochschule Gießen-Friedberg

Projektförderung für Klein- und Mittelbetriebe durch Programme der Europäischen Union

1. Bedeutung der kleinen und mittleren Unternehmen für die Wirtschaft der EU

Da im Maastrichter Vertrag die Absicht herausgestellt wird, insbesondere kleine und mittlere Unternehmen zu fördern, soll der Begriff deutlicher eingegrenzt werden. Hierbei kann auf eine Vielzahl sich durchaus widersprechender Definitionen zurückgegriffen werden. Es fällt auf, daß der Begriff in Politik und Presse oft bewußt unscharf benutzt wird. Was ist ein kleines und mittleres Unternehmen (KMU) ? Die hier benutzte Definition stammt aus den Unterlagen der EU zu einem Programm, das sich besonders an kleine und mittlere Unternehmen richtet.
Demzufolge ist ein KMU ein Unternehmen

- mit weniger als 500 Mitarbeitern,
- mit einem Jahresumsatz unter 38 Mio ECU (ca. 72.2 Mio DM) und
- dessen Kapital sich zu höchstens 33% im Besitz eines Unternehmens befindet, das kein KMU ist

Auszug aus Maastrichter Vertrag vom 7.2.1992
Artikel 130 f
(1)Die Gemeinschaft hat zum Ziel, die wissenschaftlichen und technologischen Grundlagen der Industrie der Gemeinschaft zu stärken und die Entwicklung ihrer internationalen Wettbewerbsfähigkeit zu fördern.
(2)In diesem Sinne unterstützt sie in der gesamten Gemeinschaft die Unternehmen - einschließlich der kleinen und mittleren Unternehmen - die Forschungszentren und die Hochschulen bei ihren Bemühungen auf dem Gebiet der Forschung und technologischen Entwicklung von hoher Qualität.

Die KMU sind weltweit für die Wirtschaft weitaus wichtiger, als allgemein bekannt ist. Auch wenn die Konzerne stärker im Rampenlicht stehen, sprechen die Zahlen bezüglich Umsatz und Beschäftigung eine deutliche Sprache. Eine von der EU veröffentlichte Studie unterscheidet zwischen großen Unternehmen und KMU, wobei die Schwelle hier bei 500 Mitarbeitern gelegt wird. Zusätzlich werden noch die Ergebnisse der sogenannten Mikrounternehmen angegeben. Kennzeichnend für Mikrounternehmen ist eine Beschäftigtenzahl kleiner als 10. Es gibt in der EU ca. 10 Millionen Mikrounternehmen, das sind etwa 92% aller Unternehmen und 911.000 KMU mit mindestens 10 Mitarbeitern (7,9% aller Unternehmungen). Dagegen ist nur eines von 1000 Unternehmen der Gruppe der großen Unternehmen zugehörig. Im Durchschnitt hat übrigens jeder Betrieb in der EU 7 Mitarbeiter. Die beiden folgenden Grafiken zeigen sowohl den Umsatz als auch die Mitarbeiterzahl aufgeschlüsselt nach der Unternehmensgröße.

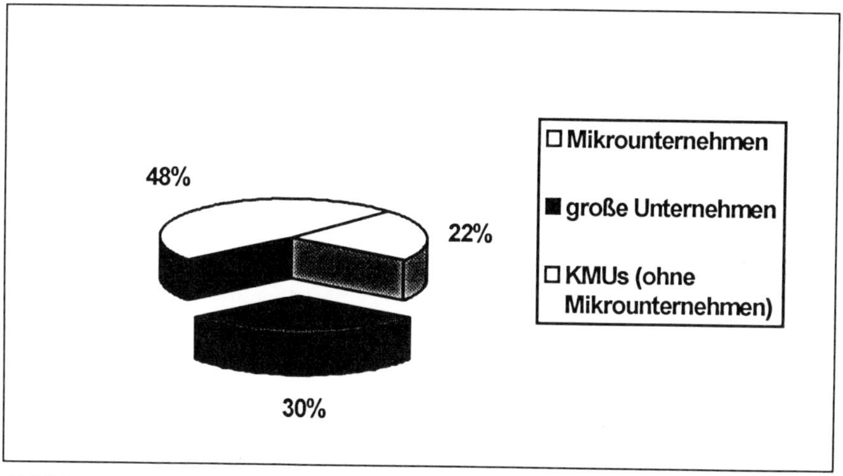

Abbildung 1-1: Umsatz, aufgeschlüsselt nach Unternehmensgröße

1 Quelle: Deirdre Hunt, Centre for Vocational Training and Sectoral Analysis, University College, Cork, Ireland

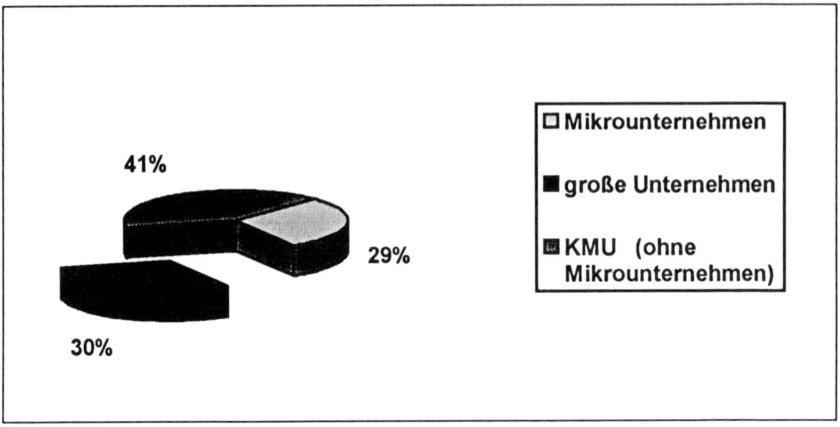

Abbildung 1-2: Mitarbeiterzahl, aufgeschlüsselt nach Unternehmensgröße

2. Randbedingungen der EU- Programme

2.1 Ziel der Forschungs- und Technologiepolitik

Das politische Hauptziel der Forschungs- und Technologiepolitik liegt in der Verbesserung der Wettbewerbsfähigkeit der europäischen Industrie und Wirtschaft im internationalen Vergleich. Eine Verbesserung soll selbstverständlich auch regional erzielt werden, so daß es für die Kommission der EU immer ein erfreulicher Nebenaspekt ist, wenn etwa in Portugal oder in den fünf neuen Bundesländern positive Auswirkungen der Forschungsprogramme erzielt werden. Ganz allgemein sind die Schwerpunkte:

- Die bessere Nutzung von Forschungsergebnissen. Immer wieder wird der Forschung vorgeworfen, zwar hervorragende Ergebnisse zu erzielen, die aber nicht in Produkte umgesetzt werden.
- Die stärkere Verzahnung mit den anderen Gemeinschaftspolitiken. Forschungspolitik ist auch Industriepolitik, das Schaffen oder der Erhalt von Arbeitsplätzen ist sehr wichtig. Hierbei geht es auch um die Kombination mit Programmen der Regionalförderung.

- Erklärtes Ziel der EU-Kommission und des EU-Parlamentes ist eine höhere Beteiligung der KMU an europäischen Programmen, wie etwa der EU Kommissar Ruberti bei einem Gespräch mit der FAZ äußerte.

Die folgenden Zahlen sind ohne Gewähr auf Richtigkeit angegeben, aber in ihrer Größenordnung durchaus nachvollziehbar. In der EU fließen 12% der EU-Fördermittel in die KMU. Es ist nicht bekannt, welche genaue Definition von KMU bei dieser Statistik verwendet wurde, weil der Autor davon ausgeht, daß es sich bei 95% der Unternehmen innerhalb der EU um KMU handele, was im Vergleich zu der hier verwendeten Abschätzung (92 %) ein etwas höherer Anteil ist. Für Deutschland soll gelten, daß 40% der Fördermittel an Großunternehmen fließen. Diese Zahlen verdeutlichen den Sinn, den eine besondere und weitgehende Förderung der KMU hat.

2.2 EU-Rahmenprogramm für Forschung und Entwicklung

Das aktuelle Rahmenprogramm umfaßt den Zeitraum von Herbst 1994 bis Ende 1998. Im Rahmenprogramm wird vor allem der finanzielle Rahmen des gesamten Forschungsprogrammes festgelegt. Dieser beträgt 12,3 Mrd. Ecu (rund 23,4 Mrd. DM). Es ist geplant, 1996 die Mittel für Forschungszwecke um 700 Mio. Ecu zu erhöhen. Dabei ist allerdings auch zu berücksichtigen, daß sich durch die Erweiterung der EU die Zahl der berechtigten Unternehmen und Institutionen erhöhen wird. Im Rahmenprogramm sind auch die Einzelprogramme mit ihrem individuellen Anteil am Gesamtbudget festgelegt. Im 4. Rahmenprogramm sind dies 20 Einzelprogramme - mit einem Spektrum von der Werkstoff- bis zur Verkehrsforschung.

Der Vertrag von Maastricht schreibt die Gleichberechtigung von Europaparlament und Ministerrat auf einigen Feldern der Europapolitik fest. Das ist anders, als es bei den vorhergehenden Rahmenprogrammen war. Diese Einflußnahme des Europaparlamentes bezieht sich insbesondere auch auf Fragen des Binnenmarktes und auf Rahmenprogramme zur Forschungs- und Umweltpolitik. Bei der Diskussion des 4. Rahmenprogrammes machte das Europaparlament seine Zustimmung von einer deutlichen Erhöhung des Budgets abhängig

(Quelle der angegebenen Zahlen über das 4. Rahmenprogramm: F.A.Z, 23. 3. 1994, Seite 15, „Einigung über das EU-Forschungsprogramm").

Auch wenn die Zahlen des Budgets des 4. Rahmenprogrammes im ersten Augenblick eindrucksvoll wirken, sollen hier zum Vergleich die Forschungsausgaben des Jahres 1993 für die gesamte BRD, für die Siemens AG als einem Vertreter eines Konzernes und für die Sharp AG (Japan) angegeben werden:

Tabelle 2-1: Ausgaben für Forschung und Entwicklung (Beispiele und BRD)

	Ausgaben in Mrd DM	Relative Ausgaben
gesamte BRD (1)	58,40	1,7 % des Bruttoinlandsprodukts
SIEMENS AG (2)	6,67	8,2 % des Umsatzes
SHARP AG (Japan) (3)	1,78	9,3% des Umsatzes

Quellen der Zahlen: (1) Sifterverband für die Deutsche Wissenschaft; (2) SIEMENS Geschäftsbericht; (3) FAZ

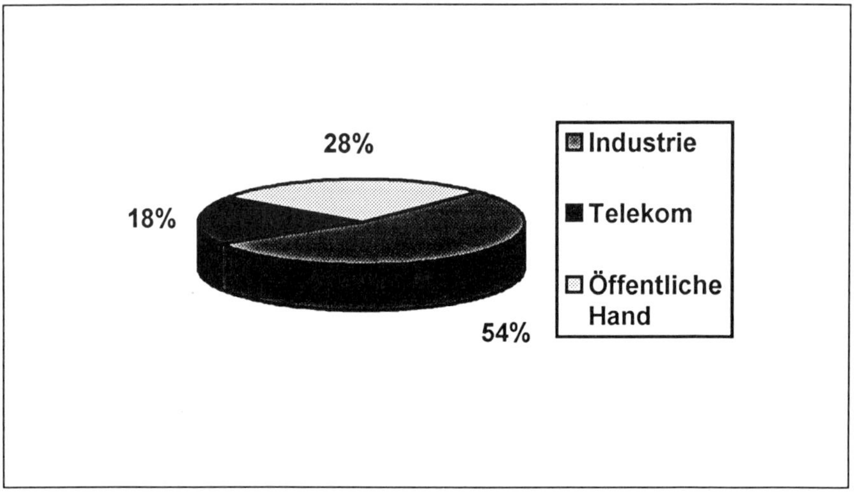

Abbildung 2-1: Ausgaben für Forschung im Bereich der Informations- und Kommunikationstechnik

In Deutschland wird der größte Teil der Aufwendungen für Forschung und Entwicklung von der Industrie erbracht. Das vorstehende Diagramm (Abb. 2-1) zeigt für den Standort Deutschland am exemplarischen Bereich der Informations- und Kommunikationstechnik den Anteil der Industrie im Vergleich mit der noch öffentlichen TELEKOM und der weiteren Ausgaben der öffentlichen Hand.

Das folgende Diagramm zeigt, ebenfalls für den exemplarischen Bereich der Informations- und Kommunikationstechnik, die Anteile der wichtigsten Förderungen durch die öffentliche Hand. Wie man sieht, machen EU- Förderprogramme in Deutschland bereits ein knappes Viertel der Projektförderung aus.

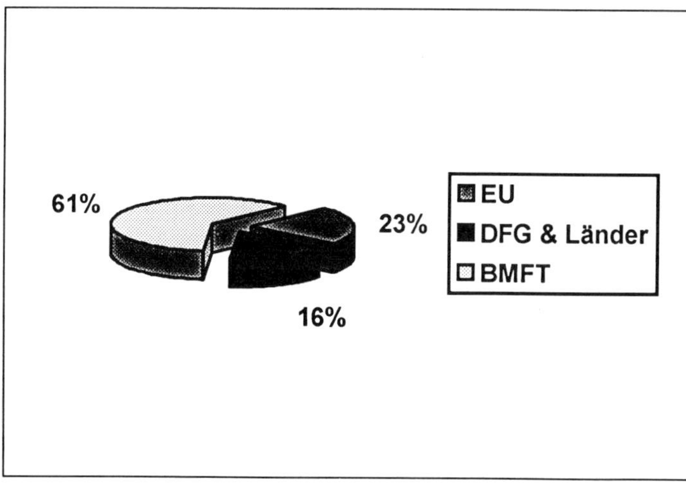

Abbildung 2-2: Ausgaben der öffentlichen Hand für Forschung im Bereich der Informations- und Kommunikationstechnik

2.3 EU-Strukturfonds

Im Vergleich zu den Forschungsprogrammen ist der Etat bei den EU-Strukturfonds üppig. Es handelt sich dabei um drei Einzelfonds. Der jährliche Gesamtetat beträgt 141 Milliarden Ecu (ca. 267,9 Mrd. DM). Die Fonds und ihre Aufgaben sind in der folgenden Tabelle festgehalten.

Tabelle 2-2 Strukturfonds (Quelle: F.A.Z 26. 3. 1994 ,S. 11)

Fondname	Abkürzung	Aufgabe
Europäischer Fonds für regionale Entwicklung	EFRE	Verminderung der Entwicklungs-unterschiede zwischen den Regionen der Gemeinschaft
Europäischer Sozialfonds	ESF	Verbesserung der Beschäftigungsmöglichkeiten in der Europäischen Gemeinschaft
Europäischer Ausrichtungs- und Garantiefonds für die Landwirtschaft	EAGFL	Entwicklung der ländlichen Gebiete und Kofinanzierung der nationalen Beihilferegelung für die Landwirtschaft

3. Umsetzung der Rahmenbedingungen

Nachdem die Rahmenbedingungen durch den Ministerrat und das Europäische Parlament festgelegt worden sind, erfolgt die detaillierte Ausarbeitung der verschiedenen Programme durch die EU-Kommission. Dies geschieht in Zusammenarbeit mit zahlreichen Sachverständigen. Jedes einzelne dieser Programme muß durch Beschluß von Ministerrat und EU-Parlament ratifiziert werden. Ein detaillierter Arbeitsplan wird ausgearbeitet, der das Programm bereits in unterschiedliche Teilabschnitte (Workpackages) unterteilt. Offiziell gestartet wird das Programm durch eine öffentliche Ausschreibung im Amtsblatt der EU. Nationale Koordinationsstellen teilen Details übrigens interessierten Firmen und Institutionen spätestens zu diesem Zeitpunkt mit. In Deutschland ist dies die DLR (Anschrift: Abteilung EG-Forschungsprogramme, Deutsche Forschungsanstalt für Luft- und Raumfahrt e.V., 51140 Köln) Die teilweise mehrere hundert Seiten starken Arbeitsunterlagen können bei der DLR oder bei der EU-Kommission oder über das elektronische Netzwerk via INTERNET, CompuServe o.ä. besorgt werden.

Fristgerecht eingereichte Anträge von Konsortien zur Bearbeitung eines Projektes werden zunächst bei der EU-Kommission registriert. Die nun vorliegenden Anträge werden dann begutachtet. Dazu werden Expertengruppen befragt, die im Auftrag der EU-Kommission und letztlich im Namen der europäischen Steuerzahler die Projektvorschläge auf Sinngehalt, Durchführbarkeit und europäischen Mehrwert überprüfen. Die Experten werden für einen begrenzten Zeitraum bestellt.

Die Begutachtung der Projektanträge erfolgt in zwei Phasen. Die erste verläuft anonym, während die zweite offen erfolgt, wobei den Konsortialpartnern Gelegenheit zur Erklärung ihrer Anträge gegeben wird. Eventuell werden von den Gutachtern oder auch von Mitarbeitern der Kommission Vorschläge zur Modifikation erfolgreicher Anträge oder auch zur Zusammenfassung verschiedener Projektanträge zu gemeinsamen Projekten gemacht.

4. Welche KMU besonders angesprochen sind...

Damit KMU von den Förderprogrammen besonders profitieren, sollte mindestens eine der folgenden drei Bedingungen erfüllt sein:

- Das in Frage kommende Unternehmen, das primär im High-Tech-Bereich engagiert ist, verfügt über eigene Forschungskapazitäten. Hierbei kann der Mehrwert etwa aus dem Zusammenlegen von Forschungsaktivitäten mehrerer gleichgroßer Unternehmen entstehen, Kostenteilungsaspekte können hier ebenfalls eine gewichtige Rolle spielen.
- Im Extremfall hat das Unternehmen keine eigenen Forschungskapazitäten, aber gerade deshalb Bedarf an Innovationen zum Erhalt der Wettbewerbsfähigkeit. Vielleicht kann die Verbindung von der Entwicklungsabteilung des Unternehmens mit einem reinen Forschungsinstitut für beide sehr vorteilhaft sein.
- Für einen Produktionsbetrieb kann der Einsatz von Forschungsergebnissen anderer Unternehmen oder Institute in der eigenen Produktion vorteilhaft sein. Bei den meisten Programmen steht heute die Anwendungsbezogenheit im Vordergrund. Somit ist durchaus auch für reine Produktionsbetriebe Platz in den Konsortien. Zumeist werden innerhalb der Programme und innerhalb der Konsortien

Regelwerke für die Lizenzierung von Patenten und Projektergebnissen vorgeschlagen. Die Verwertung von Ergebnissen an verschiedenen Stellen in der EU ist gewünscht und wird unterstützt.

Grundsätzlich sind sicherlich viele kleine und mittlere Unternehmen bereit, sich an Ausschreibungen zur Forschungsförderung zu beteiligen. Gibt es im Unternehmen aber überhaupt Bedarf dafür? Da gibt es etwa Programme zur Informations- oder Kommunikationstechnik. Ist das nicht eher etwas für die Konzerne? Im folgenden wird der Versuch unternommen, anhand eines wirklich existierenden Unternehmens die Bedeutung der Kommunikationstechnik für die Weiterentwicklung des Unternehmens aufzuzeigen.

Die als Beispiel herangezogen Firma ist in der Wirklichkeit eine britische, präziser walisische Firma, aber sie sei hier einmal „Friedberger Beispiel GmbH" genannt und in den Wetteraukreis verlegt. Die Firma hat derzeit 90 Mitarbeiter. Es handelt sich um ein Produktionsunternehmen, das sich auf die Herstellung von Hochdruckdichtungsscheiben und Dichtungen für Auto, Flugzeug, Hydraulik und Pharma spezialisiert hat. Es handelt sich dabei um ein globales und Know-how-orientiertes Geschäft. Die internationalen Geschäftsbeziehungen werden durch eine Telemarketing - Abteilung koordiniert, einer Marketing-Abteilung, die ihre Kontakte primär unter Benutzung der Möglichkeiten moderner Telekommunikation durchführt. Auslandsniederlassungen verbieten sich angesichts der Größe der Firma von selbst.

Wie jede Know-how-orientierte Firma ist auch diese Firma darauf angewiesen, ständig innovativ tätig zu sein. Es handelt sich um „learning company". Die Arbeitsweise soll an einem Beispiel verdeutlicht werden. Es soll zeigen, wie gerade die Telemarketing-Abteilung dazu dienen kann, bei der Kontaktsuche wie auch bei der Produktentwicklung eine wichtige Rolle zu spielen. Es ist ihre Aufgabe, ständig nach neuen Geschäftsfeldern zu suchen. Die Abteilung ist das Ohr am Markt, hat engen Kontakt mit den Kunden einerseits und behält zusätzlich den Überblick über die Vorgehensweise der Konkurrenz.

Nehmen wir an, daß ein wichtiger spanischer Limonadenhersteller die Friedberger Beispiel GmbH zu einem Dichtungsproblem befragt. Es kommt immer wieder vor, daß aufgrund einer ungenügenden

Glasfaserdichtung einzelne Flaschen ohne Kohlensäure ausgeliefert werden. Die Entwicklungsabteilung nimmt sich des Problemes an. Die notwendigen Zeichnungen und Informationen werden elektronisch übertragen. Ein erfolgreicher Prototyp sichert den Auftrag. Eine Analyse des Marktes zeigt, daß es sich um eine Marktnische handelt. Das Produktspektrum wird entsprechend erweitert.

Marktanalysen, Analysen der Kundenzufriedenheit, Informationen über die Konkurrenz: Eine enge Zusammenarbeit zwischen Management und dem Telemarketing ist wichtig.

Die Firma ist in Lieferverträge mit "just-in-time" Lieferung eingebunden. Sie benutzt diese Geschäftspraxis aber auch selber. So wird die Lagerhaltung für Rohmaterial wie Fertigprodukte so gering wie möglich gehalten. Es wird nur hergestellt, was auch verkauft werden kann. Dennoch wird aber eine Lieferung binnen drei Wochen nach Bestellung auch bei größeren Mengen garantiert.

Auch wenn es nicht bei jeder Firma so deutlich ist: Die Qualität bei der Verwaltung und Verarbeitung der Information ist sehr wichtig. Der Umgang mit Telematics und Telekommunikation hat den gleichen Stellenwert wie der Maschinenpark zur Herstellung von Dichtungen und Dichtungsscheiben.

5. Besondere Chancen für KMU

Zusätzlich zu den bereits erwähnten Programmen für Telekommunikation und Telematics, bei denen es um die Entwicklung leistungsfähiger Kommunikationsdienste und Informationstechnologien vor allem unter Anwendungsprozessen geht, bieten verschiedene andere wichtige Programme des 4. Rahmenprogramms gerade für KMU (kleine und mittlere Unternehmen) zusätzliche Chancen. So sind etwa 16% der Brüsseler Forschungsmittel für die Entwicklung neuer Werkstofftechnologien vorgesehen. Weitere Schwerpunkte bilden die Förderung der Biotechnologie und Projekte im Forschungsbereich der erneuerbaren Energien. Grundsätzlich ist immer ein Teil der Forschungsmittel jedes Programmes dazu vorgesehen, die Verbreitung und Nutzung von Forschungsergebnissen zu fördern. Dies kann etwa über die Mitfinanzierung von Seminaren, Kongressen oder Workshops geschehen. Weitere Möglichkeiten bestehen in der Unterstützung von Fachzeitschriften.

5.1 Vorteile bei der Beteiligung an nationalen oder internationalen Forschungsprojekten

Für kleinere und mittlere Unternehmen ergeben sich einige Vorteile, die vielleicht nicht direkt zu erkennen sind. Wenn ein KMU eine Projektidee hat, um sich an einem nationalen oder internationalen Forschungsprojekt zu beteiligen, erfolgt eine für das beteiligte Unternehmen kostenlose unabhängige Prüfung durch nationale Koordinationsstellen und durch europäische Expertengruppen. Warum nicht solch eine Gelegenheit nutzen, um ein neutrales Urteil zu einer neuen Geschäftsidee oder ein neues Produktgebiet zu erhalten ? Bei der Projektevaluierung ergeben sich oft auch Vorschläge für eine Verbesserung der Projekte oder zu geeigneten Partnern. Im Verlauf eines Projektes erfolgt ein Know-how-Austausch zwischen den Projektpartnern.

Gerade für KMU bieten Forschungsprojekte Chancen zur internationalen Profilierung. Eventuell ergeben sich hier erste internationale Referenzen oder vielleicht sogar die ersten internationalen Marktanteile. Die finanzielle Unterstützung von Neuentwicklungen ist ein positiver Aspekt. Wichtig sind auch die neuen Einblicke in Entwicklung und Produkte auf den internationalen Märkten, die bei einer Beschränkung auf regionale Märkte schwieriger zu erhalten sind.

Ein wichtiger Punkt zum Abschluß dieses Abschnitts:

Mit der Schaffung eines geeigneten administrativen und organisatorischen Managements im Unternehmen können internationale Projekte realisiert und bearbeitet werden. Möglicherweise stellt die Beteiligung an einem internationalen Projektes den Anlaß dar, solche Managementformen zu etablieren. Die Internationalisierung von Geschäftleitung, Marketing- und Entwicklungsabteilungen ist von Vorteil. Es ist zu vermuten, daß ein entsprechend projektorientiertes Management leistungsfähig bei der

Definition innovativer Ideen und Produkte, bei der Überwindung der Akzeptanzbarriere durch Lobbying und vorbildliche Projektausführung arbeitet. Teilnahme und Mitwirkung im Forschungswesen und Teilnahme an Programmen zur Nutzung der Ergebnisse aus EU- Forschungsprojekten können auch eine weitere Öffnung des Unternehmens nach außen bewirken und Mobilität und Flexibilität der Geschäftsträger fördern. Die Herstellung vielfältigster, persönlicher europaweiter Kontakte zu Forschung, Entwicklung und Industrie kann ein sehr erwünschter Nebeneffekt der Beteiligung an Forschungsprogrammen sein.

6. Von der Projektidee zum Projekt

Wie allgemein bei Projekten üblich, wird der Ablauf hier in Phasen auftgeteilt dargestellt.

6.1 Phase 1: Identifizierung des relevanten Programms

Zunächst müssen die Programminhalte über die EU oder über Ansprechpartner besorgt werden. Wenn ein Programm grundsätzlich interessant ist, muß das Info-Paket mit allen Antragsformularen besorgt werden. Das kann in Papierform oder unter Benutzung elektronischer Mittel erfolgen. Da diese Programminformationen oft sehr umfangreich sind, kann bei Interesse der Besuch eines nationalen Informationstages sinnvoll sein.

6.2 Phase 2: Teilnahmevoraussetzungen prüfen

Liegen nun die Details über das Programm vor, können die Teilnahmevoraussetzungen geprüft werden. Der wichtigste Punkt bei EU-Pogrammen zuerst: Es muß ein europäisches Projekt sein, was zur Folge hat, daß Partner gesucht werden müssen. Voraussetzung ist, daß sich mindestens ***zwei*** Partner aus mindestens ***zwei*** EU- Ländern zusammenfinden. Beide Bedingungen müssen eingehalten werden. Zweifellos ist es empfehlenswert, sich nicht mit dem absoluten Minimum zu begnügen. Auf der Suche nach Partnern sollte man mit anderen Unternehmen, möglicherweise auch bewußt aus dem Bereich der

Lieferanten und der Konkurrenten reden. Hilfe bei der Partnersuche können Kollegen im In- und Ausland, Handelshäuser und potentielle Auftraggeber oder -nehmer sein. In die Partnersuche einbeziehen sollte man die Gruppe der Professoren, Wissenschaftler und Forscher, zumal es sich ja um Forschungsprojekte handelt. Verantwortliche in den Unternehmen können dabei von der Tatsache profitieren, daß Hochschulen zumeist einem Technologietransfer befürworten. Zumeist gibt es auf den Ebenen der Hochschulen und Institute bereits internationale Kontakte, die eingebunden werden können. Außerdem sind bei Hochschulen im Vergleich zu Konkurrenzunternehmen geringere Konkurrenzprobleme zu erwarten.

Der eigene Finanzrahmen muß sehr sorgfältig geprüft werden. Der Standardfall sieht vor, daß die Hälfte der enstehenden Kosten von der EU übernommen wird. Das bezieht sich z.B. auf die Kosten eines im Projekt eingebundenen Ingenieurs einschließlich angemessenen Overheadkosten, die aus dem Verwaltungsoverhead und den Kosten des Arbeitsplatzes einschließlich EDV und Telefonkosten bestehen. Kein Beitrag wird hingegen zu Infrastrukturkosten, wie z.B. einer Videokonferenzeinrichtung oder Verkabelungskosten, geleistet. Nur bei KMU können *zusätzlich* Durchführbarkeitsstudien oder Erkundungsphasen unterstützt werden. Ein Modell sieht dafür eine Erstattung von 75% der Kosten mit einer Obergrenze von 22.500 ECU (DM 42.750) vor. Diese Förderung wird allerdings teilweise davon abhängig gemacht, daß nicht genügend KMU direkt die Möglichkeit der Beteiligung an den EU-Programmen suchen. Für Universitäten oder Institute wird ein weiteres Kostenmodell verwendet. Da hier die Angabe der Arbeitskosten oft schwierig ist, werden die vollen *Mehr*kosten ersetzt. Das werden in erster Linie Reisekosten sein. Einfache Abschätzungen zeigen, daß dies im Normalfall für die EU-Kasse billiger ist als die Erstattung nach dem 50%- Modell. Grundsätzlich muß an dieser Stelle betont werden, daß trotz aller Subventionen bei der Forschungsförderung das Kosten-Nutzen-Verhältnis beachtet werden muß.

Gelegentlich macht es Unternehmen Schwierigkeiten, die eigenen Kosten anzugeben, was aber erforderlich ist, um eine ordentliche Kalkulation durchzuführen.

Der vorgesehene Projektumfang muß genauestens festgelgt werden, schon um eine ordentliche Termin- und Kostenkalkulation durchzuführen.

In enger Zusammenarbeit mit den potentiellen Partnern müssen die für das Projekt benötigten Managementkapazitäten festgelegt werden. Verantwortliche Personen müssen identifiziert werden. Der mit der Durchführung des Projektmanagements verbundene Zeit- und Kostenanteil muß erfaßt und garantiert werden.

6.3 Phase 3: Wirtschaftliche und fachliche Kriterien

Um einerseits in der Lage zu sein, einen erfolgversprechenden Antrag zu stellen und andererseits die Entscheidung zu treffen, an einem Projekt teilnehmen zu wollen, muß ein Projektvorschlag nach wirtschaftlichen und fachlichen Kriterien geprüft werden. Diese Maßstäbe werden auch von der Expertenkommission bei einer Projektevaluierung angewandt. Für das Unternehmen stellt sich die Frage nach der Marktrelevanz des potentiellen Projektvorschlages als dominierendes Entscheidungskriterium. Verbessert sich voraussichtlich durch die Beteiligung das Betriebsergebnis? In diesem Zusammenhang sollte das Innovationspotential des Projektvorschlags überprüft werden. Handelt es sich tatsächlich um eine neue Idee oder sind die Ergebnisse bei genauerem Hinsehen bereits schon vor Beginn des Projektes allgemein zugänglich? Eine gezielte Datenbankrecherche kann hier oft Klarheit bringen. Schon im Vorfeld werden hier sehr oft wichtige Ergebnisse erzielt. Hat das Projekt eine europäische Dimension, sind Ergebnisse nicht nur national, sondern auch an mehreren Stellen verwertbar? Hier erfolgt zumeist eine sehr kritische Prüfung bei der Bewertung von Projektanträgen. Wie bei jeder Projektplanung ist es erforderlich, daß die zu erwartenden Ergebnisse festgehalten werden. Was soll erreicht werden, was ist das Ziel? Nur dadurch kann auch eine Kosten-Nutzen-Analyse durchgeführt werden.

Als letzter Punkt muß noch erwähnt werden, daß inzwischen eine Analyse der Umweltauswirkungen bei nahezu allen EU-Programmen durch die Antragsteller vorgelegt werden muß.

6.4 Phase 4: Vorschlag mit Partnern formulieren und einreichen

Wenn die vorherigen Phasen zu dem Ergebnis führen, daß eine Beteiligung an einer Ausschreibung eines EU-Programmes sinnvoll ist, kann nun der Vorschlag mit den Partnern gemeinsam formuliert und eingereicht werden. Dabei sind die Ausschlußfristen genauestens einzuhalten, da bei Überschreitung ein Erfolg von vorneherein unmöglich ist.

Während des Projektzeitraumes nach erfolgreicher Teilnahme an der Ausschreibung ist die Vorgehensweise in folgendem Bild dargestellt.
Nach Vertragsabschluß erfolgt die Arbeit im Team nach allgemein anerkannten Regeln des Projektmanagementes. Jährliche Erfolgskontrollen ermöglichen es der Kommission, den Fortschritt und damit die Einhaltung des Vertrages zu kontrollieren. Selbstverständlich besteht die Möglichkeit, bei Nichterfüllung des Kontraktes einen Regreß geltend zu machen. Damit ist nicht die Möglichkeit gemeint, daß ein Forschungsziel nicht errreicht wird, das ist normales Risiko der Forschung, sondern daß etwa zugesagtes Personal nicht zur Verfügung gestellt wird, daß Veröffentlichungen unterbleiben und ähnliche nicht vertragsgemäße Handlungen.

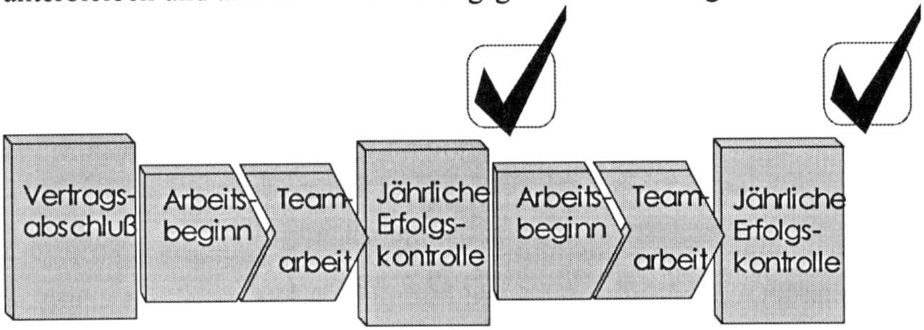

Abbildung 6-1

7. Telearbeit als Beispiel einer Forschungsaktivität

Sehr oft herrscht Unklarheit darüber, welche Art von Forschung gefördert wird. Telework kann heute auch für viele kleine und mittelständische Unternehmen interessant sein. Verschiedene Modelle, die verfolgt werden, sind denkbar:

- Outsourcing
- Puffer bei Spitzenlast
- Kompatibilität
- Alternierend mit Anwesenheit im Büro o.ä.
- Neue Selbständigkeit

- Regionale Entwicklung
- Integration von Personen mit speziellen Bedürfnissen/Handicaps

Hier soll nicht tiefer auf die einzelnen Möglichkeiten eingegangen werden. Versuche der Einführung, Veränderung und Analyse solcher Arbeitsplätze stellen eine Möglichkeit dar, sich an den Programmen TELEMATICS APPLICATIONS oder ACTS zu beteiligen. Möglicherweise bietet auch die eine oder andere innovative Anwendung der sogenannten Datenautobahnen eine Möglichkeit der Beteiligung. Beispiele zeigt das folgende Bild:

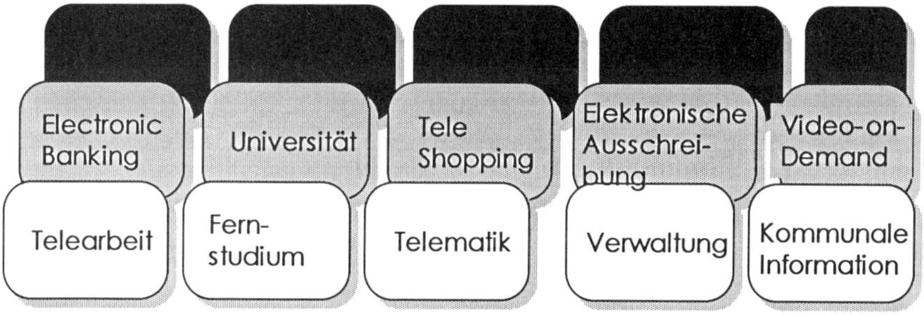

Abbildung 7-1: Autobahnen zur Informationsgesellschaft

Es werden Teilnehmer gesucht, die sich entweder als Nutzer, Betreiber oder als Hersteller der verschiedenen Dienste, Endgeräte und Netze betätigen.

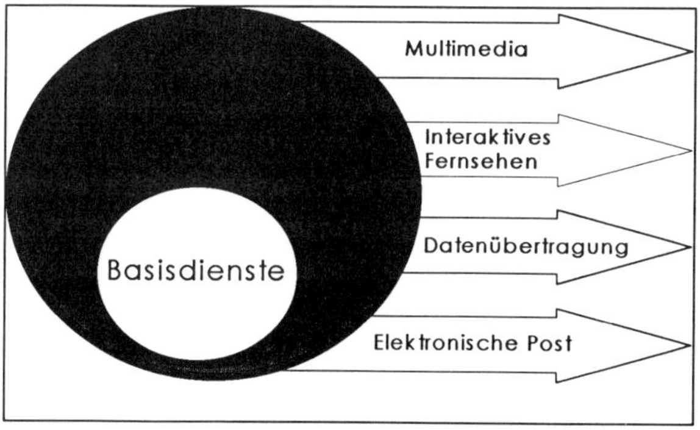

Abbildung 7-2: Endgeräte und Netze

Die folgende Abbildung zeigt schlagwortartig einige der technischen Möglichkeiten der Datenautobahn, die zu benutzen sicher nicht früh genug begonnen werden kann.

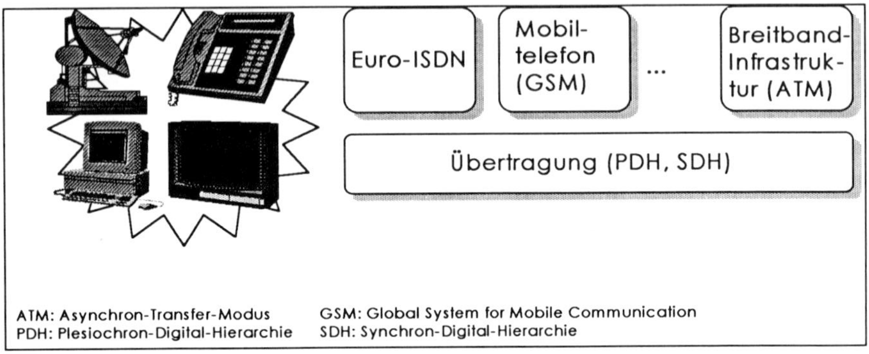

Abbildung 7-3

Bei dem Programm ACTS (*A*dvanced *C*ommunication *T*echnologies and *S*ervices) geht es darum, auf existierenden Netzwerken der nationalen Gastgeber mit echten Benutzern, die sich von der Benutzung auch einen Mehrwert versprechen, leistungsfähige Demonstrationen aufzubauen (Abbildungen 7-4 und 7-5).

Dabei soll die Leistungsfähigkeit der Technik, der Dienste (Service) und neue Möglichkeiten der Telearbeit (Telework) unter verschiedensten Aspekten ausgelotet und fortentwickelt werden. Innerhalb des Programmes soll umfangreiches, der Allgemeinheit in Europa zur Verfügung stehendes, Wissen entwickelt werden, um letztendlich das Ziel des Programmes zu verwirklichen: Die Schaffung von neuen Arbeitsplätzen und die Sicherung der bestehenden in einer sich rasant fortentwickelnden Welt.

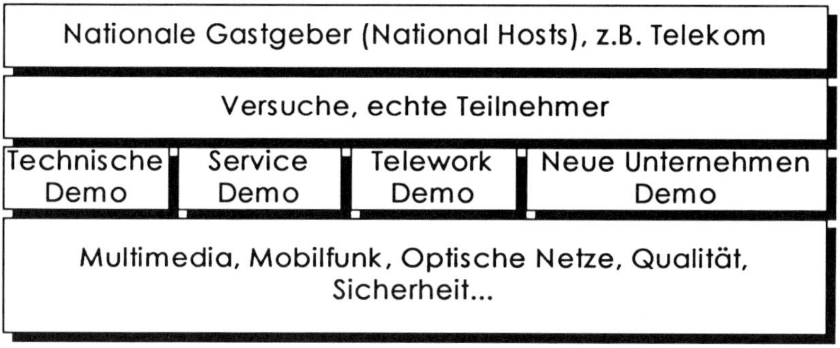

Abbildung 7-4

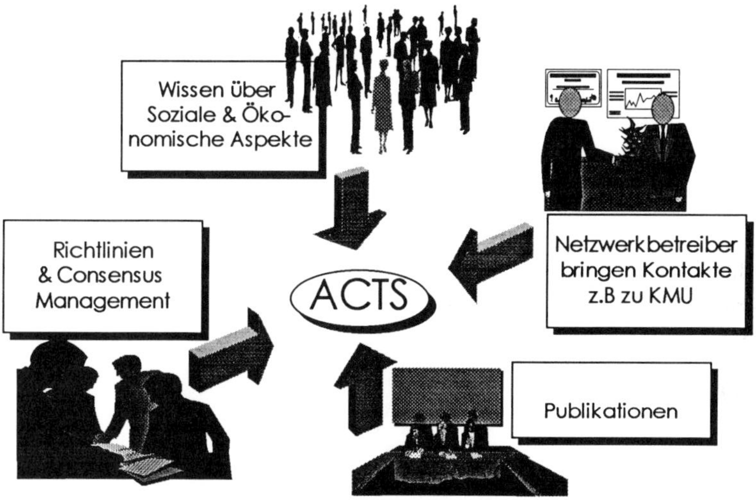

Abbildung 7-5 ACTS: *A*dvanced *C*ommunication *T*echnologies and *S*ervices

Vor- und Nachteile der Beteilgung an einem europäischen Forschungsprogramm seien zum Schluß noch einmal gegenübergestellt:

Tabelle 7-1

Pro	**Contra**
Europäische Fortschritte	Notwendigkeit öffentlicher Finanzierung
Bündelung der Kräfte	Ablenkung von eigenen Zielen
Erreichen einer kritischen Größe	Zahlungsmodalitäten der öffentlichen Hand
Arbeitsteilung	Verzögerungen bis hin zum Verlust
Zuschüsse	der Synchronisierung
Schnellere Erfolge	Bedarf für zusätzliches Management
Größenordnung der Projekte	Neue Abhängigkeiten
Horizonterweiterung	Veröffentlichung der eigenen Produktideen
Vorteile bei der Marktanpassung	Geringere Effizienz

Nachtrag

Zur Ergänzung sei noch kurz auf eine Initiative hingewiesen, die sich speziell an KMU wendet: EPRI-NET Projekt ist ein spezielles EU-Projekt zur Unterstützung von KMU und Forschungseinrichtungen in „less favoured regions". EPRI steht für EUROPEAN PARLIAMENTS RESEARCH INITIATIVE. Primär beschäftigt sich die Initiative mit Projekten der Informations- und Kommunikationstechnologie, aber auch alle Projekte, die sich mittelbar dieser Technologie bedienen, sind angesprochen. Das Projekt ist Anbieter von einem Info-Board über die EU-Telematics-Forschungsprogramme. Seine Aufgabe besteht darin, Hilfe bei der Partnersuche und der Konsortienbildung zu bieten. Dazu wurde ein Netzwerk von regionalen und wissenschaftlichen Promotern aufgebaut.

Da EPRI-NET auch Betreiber eines transeuropäischen Satelliten-netzwerkes ist, kann die gesamte Kommunikation zwischen Projektpartner vor und während eines Projektes unabhängig von bestehender Infrastruktur kostengünstig durchgeführt werden. Die Instrumente zur Telekooperation sind:

- Joint Editing
- Elektronischer Briefdienst
- Elektronische Kommunikation und Konferenzen (Sprache & Video)
- Mitteilungsdienst
- Zugriff auf Datenbanken

Der EPRI-NET-Beratungsprozeß besteht aus den folgenden Schritten:

- Erhebung von Interessenprofilen
- Anregung von Projektvorschlägen
- Bitte um eine 2-seitige Projektbeschreibung
- Identifizierung einer geeigneten Förderlinie
- Unterstützung bei der Zusammenstellung eines internationalen Konsortiums
- Beratung zur Projektfinanzierung
- Hilfestellung bei der Formulierung des Projektantrags

Dr. Walter Gierisch
Technologie- und Innovationsberatung

Projektmanagement von Forschungs- und Entwicklungsvorhaben

1. Einleitung

Die raschen Veränderungen auf den nationalen wie internationalen Märkten lassen den Ruf nach "innovativen" Produkten immer deutlicher werden. Diese werden in vielen Unternehmen in Entwicklungsabteilungen entworfen, auf technologische Machbarkeit hin überprüft und schließlich in Pilotprojekten realisiert. Die wesentlichen Randbedingungen für effektive, rasche und marktorientierte Produktentwicklung haben sich mit der Verkürzung von Produktlebensdauern drastisch verändert.

Es wird dargelegt, wie die klassischen Methoden des Projektmanagements erfolgreich eingesetzt werden können, wenn die spezifischen Anforderungen des F&E-Bereichs berücksichtigt werden. Dabei wird deutlich, daß die Grundelemente des Projektmanagements, ursprünglich sicher vor allem für Großprojekte entwickelt, auch für kleine und mittlere Unternehmen sinnvoll eingesetzt werden können.

2. Projektmanagement heute

Die klassischen Leistungsparameter eines Projektes sind:
Kosten - Qualität - Termine

In diesem sog. magischen Dreieck spielen sich alle Erfolge, aber auch Tragödien eines Projektes ab. Wer hat den Hilferuf eines Projektleiters noch nicht gehört, der händeringend für die Einhaltung von Terminen plädiert und zur Antwort erhält: "Nicht zu den vereinbarten Kosten!" Ergänzend sei hinzugefügt, daß neben den Elementen des magischen Dreiecks eine vierte Dimension hinzugefügt werden könnte, die der vorhandenen Ressourcen.

Im Idealfall sind in einem Projekt folgende Punkte berücksichtigt:

- klar definierte Ziele und Aufgaben
- gut definierte Projektstruktur
- die richtige Eingrenzung des Aufgabenumfangs
- klar festgelegte und richtig gestufte Verantwortlichkeiten
- klare Erkenntnis des Machbaren
- ständige Abstimmung mit den Benutzer- bzw. Auftraggeberinteressen
- geeignete Planungs- und Kontrollmethoden
- gute Bewertungsmethoden
- gute Führungsqualität des Projektleiters
- funktionierendes Informationssystem

3. Technologiemanagement

Die o.g. wesentlichen Elemente eines erfolgreichen Projektmanagements gelten uneingeschränkt auch für alle Fragestellungen eines Technologiemanagements, dessen zentrale Frage lautet:

Mit welchen Produkten, mit welchen Dienstleistungen werden die nächsten 5-10 Jahre überstanden unter Berücksichtigung

- des technologischen Wandels
- der eigenen Ressourcen
- der begrenzten Aussagekraft von Prognosen und
- des wettbewerblichen Umfelds

Schritt halten mit den neuen Technologien wird zur zentralen und überlebenswichtigen Aufgabe eines jeden Unternehmens. Die Realisierung von Produktideen wird damit zur strategischen Aufgabe jeder Unternehmensleitung.

Die Besonderheiten in diesem dem raschen Wandel unterworfenen technologischen Umfeld liegen darin, während der Entwicklung des eigenen Produkts sowohl den technologischen Veränderungen als auch denen des Marktes kontinuierlich Rechnung zu tragen.

Es reicht eben nicht aus, die ursprüngliche Produktidee verwirklicht zu haben, währenddessen sich das technologische Umfeld gewandelt hat mit dem Ergebnis, ein teilweise bereits veraltetes Produkt auf den Markt zu bringen. In gleicher Weise kann es nicht genügen, bei der Markteinführung festzustellen, daß sich die Marktnachfrage während der Entwicklungszeit negativ entwickelt hat.

Von wenigen Ausnahmen abgesehen kann die Regel für alle technologieorientierten Unternehmen daher lauten:

Der Markt bestimmt die Tagesordnung der Forschungs- und Entwicklungsrichtungen. Alles beginnt bei der Artikulierung der Nachfrage.

Eine wichtige Aufgabe für ein funktionierendes Technologiemanagement besteht also darin, die Informationen über Märkte und deren Veränderungen den F&E-Abteilungen rechtzeitig zur Verfügung zu stellen. Die Entwicklungsabteilungen ihrerseits müssen die Informationen in ihrer Arbeit berücksichtigen und engen Kontakt zu den Fachleuten halten, die die Produkte anschließend fertigen sollen.

Nur der enge Informationsaustausch zwischen den Spezialisten aus Marketing, Vertrieb, Fertigung und Forschung- bzw. Entwicklung in einem Projektteam garantiert einen späteren wirtschaftlichen Erfolg. Nur so können die wesentlichen Ziele des Technologiemanagements erreicht werden, die lauten:

1. Verteidigung bzw. Ausweitung des Geschäfts
2. Erschließung neuer Geschäftsfelder
3. Erweiterung bzw. Vertiefung technologischer Fähigkeiten

Eine Konsequenz für Unternehmen der Zukunft ergibt sich daraus von selbst. Dem Wandel des Umfeldes entsprechend sind die Strukturen eines Unternehmens flexibel zu gestalten. Was gestern noch galt, kann morgen ganz anders sein.

Dieser eher harmlos klingende allgemeine Grundsatz hat jedoch Auswirkungen, deren Ausmaß nach aller Erfahrung nur ganz langsam in das Bewußtsein der Unternehmensführungen dringt. Eine Kernfrage in der Führungsorganisation lautet nunmehr:

Wie kann ich dem Mitarbeiter ein Umfeld schaffen, in dem er die Flexibilität höher schätzt als die bisher durch hierarchische Strukturen verbürgte Sicherheit hinsichtlich Zuständigkeiten und begrenzter Verantwortung?

Eine herausragende Rolle bei der erfolgreichen Durchführung eines Projektes hat zweifellos der Projektleiter. Seine Fähigkeiten und Erfahrungen entscheiden weitgehend über Sieg oder Niederlage. Sein Aufgabenspektrum ist außerordentlich umfangreich und schwierig. Dazu gehören:

- Projektziele definieren und verfolgen
- Ein Projektteam organisieren
- Projektstrukturplan erstellen
- Aufwand bestimmen und abstimmen
- Risikoanalysen durchführen
- Arbeitsablauf einteilen und organisieren
- Ressourcenplan erstellen (Personal und Material)
- Terminpläne erstellen und überwachen
- Kostenpläne erstellen und überwachen
- Projektbesprechungen abhalten
- Trendanalysen durchführen
- Projektsteuernde Maßnahmen veranlassen
- Projektdokumentation organisieren
- Präsentationen vorbereiten

Diese klassischen Aufgaben eines Projektleiters als Grundlage eines erfolgreichen Projektmanagements gelten für F&E-Projektleiter uneingeschränkt. Zusätzlich sind jedoch folgende für F & E-Betriebe typischen Problemfelder zu berücksichtigen:

- Die Zielvorgaben können anfangs nur grob genannt und erst begleitend im Laufe der Entwicklung detailliert und konkretisiert werden.
- Die Realisierbarkeit von Zielvorgaben kann zu Beginn der Entwicklung nur selten überprüft werden.
- Der Entwicklungsweg ist zu Projektbeginn unklar. Er enthält oft eine Vielzahl von Schleifen.
- Märkte, Technologien und Produktionsmöglichkeiten ändern sich während der Entwicklungszeit.
- Es handelt sich üblicherweise um Pioniersituationen, da es häufig keine Vorbilder gibt.
- Die Entwicklungsprojekte in Forschung und Entwicklung sind sehr kosten- und personalintensiv.
- Die Mitarbeiter benötigen eine hohe Qualifikation.
- Die Ergebnisse sind oft erst am Ende des Projektes meßbar.
- Die notwendige Innovation der Produkte und Entwicklungsprozesse erfordert Freiräume für Entwickler und Forscher.

Wäre ein guter F&E-Projektleiter in der Lage, diese wahrhaft schwierigen Aufgaben zu meistern, so hätte er seine Arbeit umsonst getan, würde er nicht den fast alles entscheidenden Zeitfaktor zusätzlich mitberücksichtigen.

Denn auch hier gilt: Wer zu spät kommt, den bestraft die Geschichte.

Eine grobe Skizzierung des Problemfeldes beim Wettlauf mit der Zeit ergibt eine Abschätzung der wirtschaftlichen Einbuße eines Unternehmens bei der Überschreitung der Entwicklungszeit unter der Annahme, daß die Produktlebenszeit ca. 5 Jahre beträgt.

In einer Modellbetrachtung sei also die Geschäftsführung eines Unternehmens vom Projektleiter eines Entwicklungsprojektes vor die Alternative gestellt,

a) die Entwicklungskosten müssen um 50 % über Plan aufgestockt werden, um den Solltermin halten zu können.

b) bei Einhaltung des Budgets müßte der Endtermin um 6 Monate nach hinten verschoben werden.

Welche Alternative ist die wirtschaftlich günstigere ?

Unter Berücksichtigung des bei technologischen Produkten häufig zu beobachtenden Preisverfalls und des bei verspäteter Markteinführung vom Wettbewerber vorab besetzten Marktes ergibt sich eine wirtschaftliche Einbuße durch Überschreitung der Entwicklungszeit um 30%! Die Einbuße im anderen Fall ist mit 5% dagegen nahezu marginal.

Es ist offensichtlich, daß die mit den Methoden des Projektmanagements verfügbaren Werkzeuge zur Einhaltung der Termine wesentlicher Bestandteil eines erfolgreichen F&E-Managements sind.

Die Frage nach den Gründen einer so häufig zu beobachtenden Terminüberschreitung bei F&E-Projekten läßt sich überraschender Weise aus der Erfahrung bei der Auswertung vieler Projekte tatsächlich beantworten: 95% der Produktprobleme werden durch Änderungen während des Projektes verursacht. Anders formuliert: Der größte Feind einer hervorragenden Qualität ist die unkontrollierte Verbesserung.

Die wesentlichen Maßnahmen zur Verkürzung der Produktentwicklungszeiten sind:

- Abwicklung mit den Methoden des Projektmanagements
- Frühe Einbindung der betroffenen Abteilungen
- Intensive Planung
- Pragmatismus statt Over-Engineering
- Gute Kommunikationsmöglichkeiten

Das Augenmerk sollte sich insbesondere auf die Vermeidung folgender typischer Fehler beim F&E-Management richten:

1. F&E-Projekte entsprechen nicht der langfristigen Unternehmensstrategie
2. F&E-Ziele und Marketingziele stimmen nicht überein
3. Das Unternehmen entwickelt zu wenig neue Produkte
4. Entwicklungszeiträume sind zu lang
5. Termine werden bei Schlüsselprojekten überschritten
6. Organisationsstrukturen und -abläufe sind für komplexe Probleme nicht ausgelegt.

4. Projektmanagement für den Mittelstand

Berücksichtigt man die herausragende Bedeutung des Mittelstandes für unsere Wirtschaft, lohnt es sich, einen Blick darauf zu werfen, wie denn diese tragende Säule unserer wirtschaftlichen Entwicklung zum Projektmanagement allgemein und zu der Anwendung dieser Methoden im F&E-Bereich steht.

Durchaus überzeichnend, aber aus der Erfahrung einer intensiven Beschäftigung mit diesem Thema im Arbeitskreis Mittelstand der Gesellschaft für Projektmanagement inhaltlich fundiert, lassen sich die Meinungen mittelständischer Unternehmer so darstellen:

Projektmanagement

a) ist nur etwas für Großunternehmen,
b) ist eigentlich nur sinnvoll bei Großprojekten,
c) kostet viel Geld,
d) ergibt viel Papier, die Realität sieht doch anders aus,
e) bindet die Kapazität fähiger Mitarbeiter zusätzlich,
f) bringt die bewährte Organisation durcheinander

Bei einer Analyse dieser Argumente, wird man zum Ergebnis kommen, daß nicht alle Vorbehalte ganz aus der Luft gegriffen sind.

Es ist aber wert, sie in die richtigen Relationen zu bringen und folgendes aufzuzeigen:

a) Auch Unternehmen im Mittelstand können die Methoden und Verfahren des Projektmanagements nutzbringend einsetzen.
b) Auch bei kleineren Projekten ist eine Kontrolle und Optimierung von Zeit, Inhalt und Kosten erforderlich.
c) Projektmanagement ist nicht zum Nulltarif zu haben, aber es kann sich durchaus wirtschaftlich lohnen.
d) Vielleicht geht Projektmanagement auch mit weniger Papier.
e) Natürlich ist Projektmanagement nicht ohne zusätzliche Personalkapazität realisierbar, aber der Aufwand kann sich lohnen.
f) Vielleicht sind die "bewährten" Organisationsstrukturen überholt, man hat es nur noch nicht bemerkt.

Bei der Analyse, welche unverzichtbaren Elemente ein auf die spezifischen Belange des Mittelstandes ausgerichtetes Projektmanagement haben sollte, bleiben nur die folgenden Elemente übrig.

1. Beschreibung der Aufgabenstellung (Projektziel)
2. Benennung des Projektleiters und des Projektteams
3. Strukturierung der Aufgabe und Beschreibung von Aufgabenpaketen
4. Durchführen einer Terminplanung
5. Durchführen einer Kostenschätzung
6. Projektverfolgung und laufende Projektabstimmung mit Aktivitätenliste

In Anbetracht der o.g. Bedeutung der Einhaltung der Termine im Entwicklungsbereich, sollte kein Zweifel darüber bestehen, daß diese wenigen grundlegenden Elemente des Projektmanagements einen konkreten Nutzen bei der Produktentwicklung gerade für mittelständische Unternehmen darstellen.

5. Zusammenfassung

Die Methoden des klassischen Projektmanagements sind für die effektive und termingetreue Abwicklung auch von Forschungs- und Entwicklungsvorhaben gut geeignet.

Die spezifischen Anforderungen aus dem Entwicklungsbereich an die Unternehmensführung, an den Projektleiter und an die Teammitglieder sind sehr hoch und werden voraussichtlich noch steigen.

Mit dem raschen Wandel der Märkte und der technologischen Orientierung ergeben sich insbesondere beim Technologiemanagement neue Herausforderungen für die Unternehmen. Der Verkürzung der Entwicklungszeiten kommt dabei immer deutlicher und zunehmend eine strategische Bedeutung für den wirtschaftlichen Erfolg zu.

Auch mittelständische Unternehmen können mit der Übernahme einer geringen Anzahl von Kernelementen aus dem klassischen Projektmanagement dessen Vorteile sehr gut nutzen.

Literatur:

1) Saad, Kamal N.: Management der F&E-Strategie, A.D. Little, Gabler-Verlag Wiesbaden, 1991

2) Hirzel, Leder & Partner: Speed Management. Geschwindigkeit zum Wettbewerbsvorteil machen, Gabler-Verlag, Wiesbaden, 1990

3) Brockhoff: Forschung und Entwicklung - Planung und Kontrolle, Oldenbourg-Verlag, München-Wien,1988

4) Gierisch, Grau, Müller-Ettrich, Schöllhorn, Wermter: Projektmanagement für den Mittelstand, Projektmanagement-Forum 1993-Weimar, Gesellschaft für Projektmanagement (GPM), München

Dipl-Ing. Georg Hemmeter
SIEMENS AG, Erlangen

Fertigungsprozesse durch Organisation und Motivation nachhaltig verbessern

Projekt zur Optimierung der Fertigungsprozesse in einer variantenreichen Elektronikfertigung

Die gegenwärtige Krise der Konjunktur hat in dramatischer Weise aufgezeigt, daß viele Unternehmen mit ihren gewachsenen Organisations- und Produktionsstrukturen den verschärften Anforderungen des internationalen Wettbewerbs nicht mehr gewachsen sind. Die Optimierung der Prozesse sowie ein neues Kosten- und Qualitätsbewußtsein sind notwendig, um auf dem internationalen Markt zu bestehen.

Eine umfassende Unternehmensumgestaltung ist ein komplexer Prozeß, der sich über mehrere Jahre erstreckt. Dabei genügt es in der Regel nicht, Teilbereiche zu optimieren; die gesamte Kette der Unternehmensprozesse über Marketing, Entwicklung, Fertigung und Vertrieb muß als Einheit betrachtet werden. Erst wenn der übergeordnete Prozeßablauf stimmt, werden in einem zweiten Schritt die Teilprozesse optimiert.

Wie derartige Teilprozesse im Bereich der Fertigung in Richtung auf "World-Class-Niveau" optimiert werden können, wird im vorliegenden Beitrag dargestellt. Er beschreibt das Projekt zur Prozeßoptimierung in der SMT-Fertigung, mit dem der Verfasser vor zwei Jahren betraut war. Es war Bestandteil eines Aktionsplanes, der die Umgestaltung eines gesamten Geschäftsbereiches umfaßte und die Anpassung an die veränderten Gegebenheiten des Marktes zum Ziel hatte.

1. Das Projekt und sein Umfeld

1.1 Das Gerätewerk Erlangen der SIEMENS AG

Erlangen zählt zu den wichtigsten Standorten der SIEMENS AG in der Bundesrepublik. Das Gerätewerk Erlangen (GWE) wurde 1972 gebaut und ist wesentliche Produktionsstätte für das Geschäftsgebiet "Automatisierungssysteme für Werkzeugmaschinen, Roboter und Sondermaschinen".

Hauptprodukte sind die CNC-Steuerungen mit dem Warenzeichen SINUMERIK und die Antriebssteuerungen SIMODRIVE. Das GWE produziert also Baugruppen für Industrie-Elektronik; dabei kommen Digital- / Analogtechnik und Leistungselektronik zum Einsatz.

1.2 Trends in der Elektronik-Industrie

Die Elektronik ist ein Gebiet, das durch starke Innovation geprägt ist, die hauptsächlich von den technologischen Fortschritten in der Halbleiterindustrie ausgeht.

Folgende Trends lassen sich dabei erkennen:

- **Starke Miniaturisierung**
  mit dem Ziel der Gewichts- und Volumenreduktion,

- **Zunehmende Funktionsintegration**;
  sie führt dazu, daß die Baugruppen ständig komplexer werden.

- **Enorme Zunahme der Automatisierung in der Produktion**
  als Folge dieser Entwicklung, da die Bauelemente wegen ihrer geringen Abmessungen oder Empfindlichkeit manuell kaum mehr handelbar sind. Außerdem will man so der Forderung nach Kostenreduzierung und Qualitätssteigerung entsprechen.

Die o.g. Trends haben zu einem grundlegenden Wandel der Fertigungstechnologie geführt, nämlich von

THT zu SMT.

THT (Through-Hole-Technology): Durchsteck-Montage,
SMT (Surface-Mount-Technology): Oberflächenmontage.

Die Durchstecktechnik ist wohl jedem bekannt, der schon einmal ein Elektronikgerät auseinandergebaut hat, sei es Radio, Fernsehgerät o.ä.. Durch die Löcher einer Leiterplatte sind Bauelemente gesteckt und auf der Unterseite verlötet. Bei der Oberflächenmontage werden die Metallisierungen oder kurzen Anschlußstummel der Bauelemente direkt auf entsprechende verzinnte Flächen der Leiterplatte gelötet. Besonders interessant ist, daß Bauelemente in Oberflächentechnik um Faktor zwei bis fünf kleiner sind als entsprechende Komponenten in Durchstecktechnik.

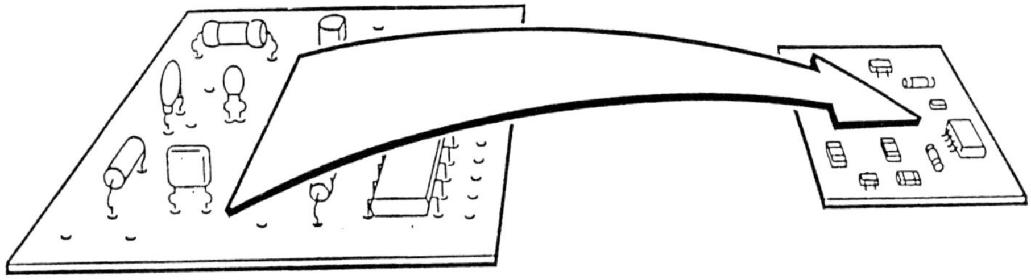

Leiterplatte THT

Leiterplatte SMT
(Flächeneinsparung
bis 70 %)

Bild 1 Gegenüberstellung THT / SMT

Den gesamten Produktionsablauf für eine mischbestückte Elektronik-Baugruppe zeigt Bild 2.

Arbeitsabläufe bei Mischbestückung, SMD beidseitig

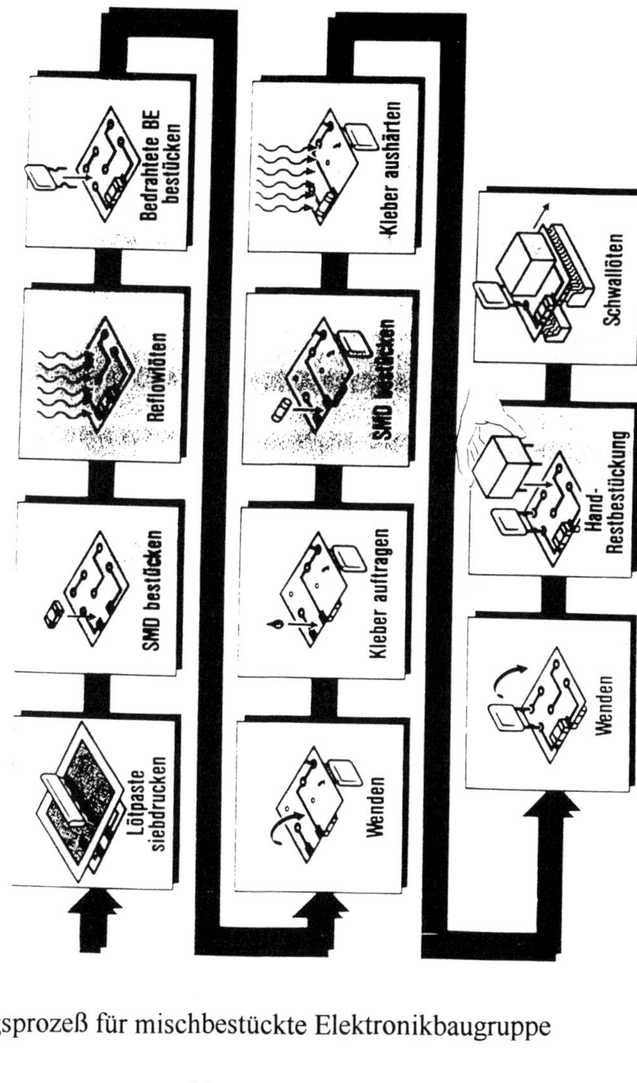

Bild 2 Fertigungsprozeß für mischbestückte Elektronikbaugruppe

Hier wird also eine Prozeßkette mit rund zehn Prozeßschritten unterschiedlichster Art durchlaufen (Montage-, Wärme- und Handlingsprozesse). Damit beim Endprodukt eine hohe Ausbeute an fehlerfreien Teilen erreicht wird (95 - 98 % werden heute in vielen Fällen als Zielgröße vorgegeben), müssen die einzelnen Prozeßschritte in sehr engen Fehlergrenzen geführt werden.

Die Optimierung sämtlicher Teilprozesse würde einen hohen Aufwand bedeuten. Wichtig ist es deshalb, sich um die kritischen und dominierenden Prozeßschritte zu kümmern. Für die Prozeßbeherrschung in einer Elektronikproduktion ist die SMT als Schwerpunkt anzusehen; nicht nur wegen der ständigen Zunahme ihres Anteils an der Bauelementeanzahl, sondern auch deshalb, weil hierfür sehr teuere Fertigungseinrichtungen benötigt werden (eine SMD-Fertigungslinie kann mehr als 2 Mill. DM kosten).

Dies ist der Hintergrund dafür, daß zur o.g. Umstrukturierung der Fertigung das folgende Projekt ins Leben gerufen worden ist.

1.3 Projektbeschreibung

Ziel:

Nachhaltige Verbesserung der Prozeßqualität in der SMT-Fertigung.

Aufgaben:

- Fertigungsbeobachtungen und Fehleraufschreibungen durchführen und auswerten,
- Ursachen für Qualitätsmängel ermitteln,
- Maßnahmen zu Verbesserungen einleiten.

Rahmen:

- 3 Monate Vollzeitarbeit, die bei Bedarf verlängert werden können.
- Je ein Fachmann aus den Bereichen Fertigung, Eingangsrevision und Fertigungsvorbereitung.
- Kleines Budget für Versuche, Beschaffung von Prototypen u.ä.

In den ersten sechs Wochen wurde das Team für knapp zwei Monate von einem Mitarbeiter aus dem SIEMENS - Zentralbereich Produktion und Logistik unterstützt, der bei ähnlichen Projekten bereits Erfahrung gesammelt hat.

Das Projekt wurde auf Grund guter Ergebnisse bzw. wegen der Erwartung weiterer Verbesserungen um zwei Zeiträume von jeweils einem Quartal verlängert.

2. Grundüberlegungen zur Prozeßverbesserung

2.1 Aufgaben und Ressourcen der Fertigung

Wie in Bild 3 dargestellt, ist die Fertigung der Bereich innerhalb des Unternehmens, der nach vorgegebenen Aufträgen Produkte erzeugt.

Dabei kann es sich um regulär disponierte Aufträge, um Eilaufträge oder um Produktanläufe handeln.

Die Ergebnisse der Produktion werden dabei nach den Merkmalen

Termin / Qualität / Kosten

beurteilt.

Während Rationalisierungsmaßnahmen in der Vergangenheit vielfach die Optimierung **eines** dieser Ziele verfolgten, verlangen der verschärfte Wettbewerb und die gestiegenen Käuferansprüche heute, daß alle drei Ziele **gleichzeitig** erreicht werden.

Als Ressourcen stehen die allgemein als die 4 M's bezeichneten Einheiten zur Verfügung:

- Material
- Maschinen
- Mitarbeiter
- Methoden.

Dabei geben die Methoden an, wie die übrigen Ressourcen zusammenspielen.

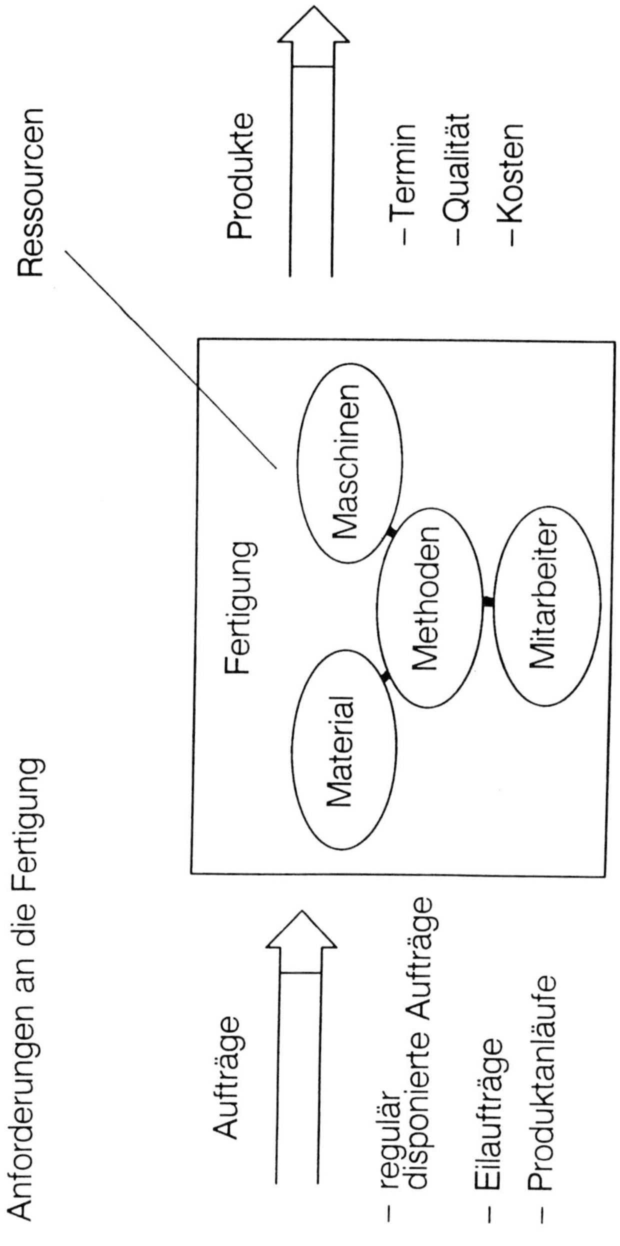

Bild 3 Aufgaben und Ressourcen der Fertigung

2.2 Beeinflussung der Ressourcen

Um eine Verbesserung von Fertigungsergebnissen zu erreichen, hat eine Auseinandersetzung damit zu erfolgen, wie die Ressourcen gezielt beeinflußt werden können.

Tabelle 1 gibt einen Überblick.

Beeinflussung der Fertigungsressourcen

Ressource	Einflußfaktoren	Ansätze zu Verbesserungen	Potential
Material	Menge	rechzeitige Disposition, Verfügbarkeitsprüfung	
	Qualität	Eingangskontrolle, Lieferantenzertifizierung	
Maschine	Leistung	Optimierung / Anpassung der Parameter	
	Verfügbarkeit	Wartung, Instandhaltung	
	Zuverlässigkeit	Qualität der Bedienereingriffe, Schwachstellenbeseitigung	
Mitarbeiter	Wissen, Können	Schulung fachlich / methodisch	
	Sorgfalt	Personalauswahl, Arbeitsplatzgestaltung	
	Engagement	Entlohnung, Gestaltungsfreiheit	
Methode	Ablauforganisation	Klare Definition der Schnittstellen	
	Information, Unterlagen	Qualitätsmanagement	

Tabelle 1 Beeinflussung der Ressourcen

Beim Material sind Menge und Qualität von Bedeutung. Rechtzeitige Disposition und Verfügbarkeitsprüfung vor Auftragseinsteuerung sind Möglichkeiten, um die Materialversorgung zu verbessern. Eine gut organsierte Eingangsrevision und eine - mehr und mehr - praktizierte Lieferantenzertifizierung sichern bereits im Vorfeld die Qualität der Zulieferteile.

Die Haupteinflußfaktoren für den Einsatz der Maschinen sind Leistung, Verfügbarkeit und Zuverlässigkeit. Leistung kann - je nach Anwendung - Geschwindigkeit, Genauigkeit, Arbeitsbereich o.ä. bedeuten. Eine Verbesserung läßt sich in gewissen Grenzen erreichen durch Optimierung und Anpassung relevanter Parameter an die Produkte. Die Verfügbarkeit sagt etwas aus über die Ausfallzeiten der Maschine wegen technischer Defekte; sie kann durch Wartung und rechtzeitige Instandhaltung verbessert werden. Die Zuverlässigkeit ist ein Maß für die Fehlerrate oder die Gleichmäßigkeit, mit der eine Bearbeitung erfolgt. Die Qualität von Bedienereingriffen ist hierfür von Bedeutung; die Beseitigung von Schwachstellen ist ebenfalls ein lohnender Ansatzpunkt.

Von großer Bedeutung, insbesondere in flexiblen Fertigungen, ist der Mitarbeiter. Sein Wissen und Können, seine Sorgfalt und sein Engagement sind maßgebliche Faktoren zur Verbesserung von Fertigungsprozessen. Hier sind zur Zeit massive Umwälzungen zu beobachten, auch in unserem Bereich. In Tabelle 1 werden Ansätze aufgezeigt; in Kap. 3.4 werden sie ausführlich erläutert.

Die Methoden sind als umfassender Faktor anzusehen. Hervorzuheben ist hier die Organisation von Abläufen und dergleichen. Sie kann oftmals nicht so leicht verändert werden, aber ihr Funktionieren kann durch eine klare Definition der Schnittstellen zwischen Abteilungen / Arbeitsabläufen u.ä. optimiert werden. Wichtige Instrumentarien sind außerdem Information und Unterlagen, sei es über Produkte, Einrichtungen, Prozeßschritte u.ä.. Checklisten sind als ein simples Hilfsmittel, Informations- und Qualitätsmanagement als umfassender Verbesserungsansatz anzusehen.

Sind wie beim vorgestellten Projekt mit vorgegebenen Mitteln und in relativ kurzer Zeit wirksame Verbesserungen zu erzielen, muß abgeschätzt werden, welches Potential bei den einzelnen Punkten zu erwarten ist. Bei einer variantenreichen Fertigung kann davon ausgegangen werden, daß Maßnahmen im Bereich der Mitarbeiter und Methoden die stärkste Wirkung erzielen werden. Hier kann mit relativ geringem Aufwand viel verbessert werden. Der Bereich Material war nicht direkter Wirkungsbereich des Projektes und ist in der Regel kurzfristig weniger stark beeinflußbar. Bei den Fertigungseinrichtungen können zwar gewisse Verbesserungen erzielt werden; wesentliche Merkmale sind aber durch die technische Auslegung der Maschinen festgelegt und könnten nur durch Neubeschaffung nachhaltig optimiert werden.

2.3 Methoden zur Prozeßverbesserung

In jüngster Zeit sind ein Reihe von Methoden zur systematischen Verbesserung von Entwicklungs- und Fertigungsprozessen entwickelt, vertieft und verbreitet worden. Die wichtigsten sollen kurz angesprochen werden.

- Ursache-Wirkungs-Diagramm oder ISHIKAWA-Diagramm (benannt nach seinem Erfinder, einem japanischen Qualitätslehrer).

Die Ergebnisse einer systematischen Ermittlung der Ursachen für Qualitätshemmnisse werden hier grafisch in Form einer "Fischgräten"-Struktur dargestellt. Inhaltlich entspricht sie weitgehend den in Tabelle 1 dargestellten Sachverhalten.

- FMEA, ('Failure-Modes-and-Effects-Analysis'), zu deutsch 'Fehlermöglichkeiten-Einfluß-Analyse'.

Hierbei werden im Vorfeld systematisch alle potentiellen Fehler und ihre Folgen als Auswirkungen auf den Kunden analysiert und in Form einer Risiko-Prioritätszahl quantifiziert. Entsprechend diesem Wert werden Abhilfemaßnahmen eingeleitet und überwacht.

- Versuchsplanung ('Design of Experiments')

Hier geht es um die systematische Ermittlung der Parameter, die zur Erzielung eines gewünschten Ergebnisses relevant sind. Ihre Methoden sind insbesondere dann wichtig, wenn mehrere, sich gegenseitig beeinflussende Einflußgrößen beteiligt sind (Wechselwirkungen).

Die aufgeführten und weitere, nicht genannte Verfahren verfolgen das gemeinsame Ziel:

Fertigungsprozesse so zu beeinflussen, daß geforderte Produkteigenschaften zuverlässig eingehalten werden. Mit systematischen Methoden wird hier versucht, von den am Ende der Fertigungsschritte zu messenden Kenngrößen des Produktes die Einstellwerte für den Fertigungsprozeß zu ermitteln; dies kommt einer präventiven Qualitätssicherung gleich.

Die Bedeutung der Methoden zur Prozeßverbesserung und Prozeßlenkung und ihre Verbreitung werden in Zukunft sicher noch deutlich wachsen. Ihre Anwendung ermöglicht es, Schwachstellen im Prozeß schneller zu erkennen, relevante Parameter besser zu erfassen und im Auge zu behalten. Das Fachwissen und die Erfahrung der Prozeßplaner und -betreuer werden diese Verfahren aber nicht ersetzen können, denn sie bilden die Basis für die erfolgreiche Anwendung und für die Interpretation der Ergebnisse.

3. Durchführung des Projektes

3.1 Die ersten Schritte

Der Start des Projektes war, wie in vielen Fällen üblich, eine kurze Besprechung beim Werkleiter, bei der uns "Auserwählten" und unseren Chefs die neue Aufgabe vorgestellt wurde.

Die ersten Schritte eines Projektes sind bekanntlich von entscheidender Bedeutung. Was zu Beginn versäumt wird, läßt sich in der Regel nur schwer wieder aufholen. Also machten wir uns daran, uns als Team zu organisieren. Dazu gehörte der erforderliche äußere Rahmen: in Fertigungsnähe wird ein Raum zu ungestörtem Arbeiten benötigt, Hilfsmittel wie Flip-Charts, PC u.ä. sind zu beschaffen und die Arbeitszeiten miteinander abzustimmen.

Der nächste Punkt ist eine in diesem Stadium natürlich nur grobe **Aufgabenplanung** und die Verteilung der Aufgaben. Es bietet sich an, daß jedes Teammitglied sich in dem Bereich engagiert, in dem es schon bisher Erfahrungen gesammelt hat.

Auch die Klärung von **Routineaufgaben** sollte nicht übersehen werden. Dazu zählt die Ablage von Unterlagen, die regelmäßige Datenpflege (Erfassung / Auswertung / Visualisierung) und der gegenseitige Informationsaustausch.

Damit sollte man sich allerdings nicht zu lange aufhalten. Hauptaugenmerk muß nun darauf gelegt werden, möglichst bald für positive Außenwirkung zu sorgen. Das Team muß in Erscheinung treten, in der Fertigung präsent sein und in der Werksöffentlichkeit auf seine Aktivitäten aufmerksam machen.

Zumindest im betrachteten Umfeld war das sogenannte 'Prozeß-Team' nicht die erste Maßnahme zur Prozeß-Optimierung. Schon seit Jahren gab es Aktionen und Gesprächsgruppen, die sich diesem Ziel gewidmet haben. Die Ergebnisse blieben allerdings in vielen Fällen hinter den Erwartungen zurück und so hatte sich eine gewisse Gleichgültigkeit gegenüber derartigen Aktionen breit gemacht. Hier war es wichtig, die Neugierde und das Interesse der Mitarbeiter zu wecken, zu vermitteln, daß etwas Neues konsequent durchgeführt werden soll.

Wir haben dazu eine Schautafel anbringen lassen und Q-Zahlen sowie erste Detailerfolge ausgehängt. Diese lassen sich durchaus erzielen, wenn man sich für einige Tag intensiv mit dem Fertigungsgeschehen beschäftigt. Auch durch das Ankündigen der nächsten Aktionspunkte läßt sich Aufmerksamkeit erzielen.

Durch dieses Vorgehen wird gleichzeitig dem Management signaliert, daß die übertragenen Aufgaben mit Engagement angepackt werden.

Um das Fertigungspersonal zur Mitarbeit zu gewinnen, haben wir uns bemüht, kleine Anregungen **sofort** umzusetzen. Die Betonung liegt dabei auf sofort! Denn daß die Umsetzung dauert, sind die Mitarbeiter in vielen Fällen gewohnt; prompte Umsetzung von Anregungen fällt dagegen positiv auf.

3.2 Gewinnung und Nutzung von Daten

Nächste wichtige Schritte sind die Gewinnung und Nutzung von Daten. Zahlen sind nicht nur die Sprache des Ingenieurs, sie sind im Management heute das Steuerungsmittel schlechthin. Nur wenn meßbare Zielvorgaben vereinbart werden, kann man ermitteln, ob sie erreicht werden bzw. ob man sich ihnen wenigstens nähert.
In vielen Fällen ist es gar nicht so einfach und eindeutig, welche Parameter oder Merkmale als Zielgrößen gewählt werden können.

Im vorliegenden Fall wurden die Ziele direkt abgeleitet von dem Gesamtziel "Unser Geschäftsbereich soll World-Class werden", und als World-Class wurden Fehlerraten für das Bestücken von 50 dpm und 10 dpm für das Löten genannt. Dpm steht für 'defect per million' und bedeutet: Wenn z.B. ein Bestückautomat 1 Million Bauelemente setzt und dabei 50 Stück verpolt, danebensetzt o.ä., dann beträgt die Fehlerrate des Bestückprozesses 50 dpm.

Liegen solche Vorgaben nicht vor, sind Meßgrößen zu suchen, die als Zielgrößen geeignet sind. Man muß sich einen Überblick darüber verschaffen, welche Fertigungs- oder auch Umgebungseinflüsse auf sie wirken, von welchen Störeffekten sie beeinflußt werden.

Auch der **Aufwand** für die Datenerfassung muß betrachtet werden. Davon hängt es schließlich ab, ob sie permanent oder nur für begrenzte Zeit (z.B. einen Tag oder eine Woche) durchgeführt werden kann.

Vielleicht werden bereits an der einen oder anderen Stelle Daten gesammelt und ausgewertet. Bevor man sich ihrer aber bedient, sollte man die Pfade von der Ermittlung bis zur Auswertung sehr sorgfältig und kritisch prüfen. Häufig sind sie allenfalls als Vergleichswerte zu gebrauchen, weil sie nur unregelmäßig und nicht vollständig erfaßt oder viel zu spät ausgewertet werden. Erweist sich eine eigene Datenerfassung als notwendig und sinnvoll, so ist der Umfang so festzulegen, daß eine eindeutige Zuordnung der Daten zu den einzelnen Aufträgen und damit eine Rückverfolgung möglich ist. Zu klären ist ferner, welche Daten erfaßt und ob die Daten off-line oder on-line eingegeben werden sollen.

Korrekte, aussagefähige Daten erhält man nur, wenn klare Anweisungen gegeben werden. Gerade in der Startphase ist es wichtig, daß die Eingaben dann auch **kontrolliert** werden. Dadurch werden Mißverständnisse beseitigt und dem Personal wird die Wichtigkeit der Datenerfassung klar gemacht.

Bei der Datenauswertung gilt es zunächst einmal, - wie bei der Eingabe - die Plausibilität zu prüfen. Wer mit den Daten arbeiten will zur Verbesserung der Prozesse, muß sie regelmäßig auswerten und dann die Ergebnisse mit den Mitarbeitern besprechen. Oft werden bei diesen Gesprächen Gesetzmäßigkeiten von Fehlerbildern erkannt, und es können direkt vor Ort Abhilfemaßnahmen erarbeitet werden.

Will man den Wert von Daten umfassend nutzen, sollte man zumindest Teilergebnisse präsentieren. Auch hier hat sich in jüngster Zeit ein Wandel vollzogen. Während in der Vergangenheit Auswertungen über Fehlerraten, Q-Zahlen, Nutzungsgrad u.ä. sorgfältig in den Schreibtischschubladen von Vorgesetzten verwahrt wurden, werden diese heute in vielen Betrieben bereits öffentlich ausgehängt. Auf diese Weise werden den Beschäftigten im wahrsten Sinne des Wortes die Ergebnisse ihrer Arbeit vor Augen geführt. Einem Besucher des Werkes wird dadurch Offenheit und Engagement signalisiert.

Damit die Präsentation von Daten wirkungsvoll und attraktiv ist, sind u.a. folgende Punkte zu beachten:

- die Daten sollen regelmäßig aktualisiert werden; veraltete Auswertungen signalisieren, daß die Daten wenig gepflegt und offensichtlich nicht sehr wichtig sind.

- wird die Vergangenheit in verdichteter Form dargestellt, lassen sich Trends (Verbesserungen / Erfolge !) aufzeigen.

- Auffälligkeiten (starke Abweichungen) sollten durch einen kurzen Hinweis erklärt werden.

- Sonderauswertungen und die Darstellung erfolgreicher Einzelmaßnahmen wirken insbesondere dann als Blickfang, wenn die Präsentation von Daten bereits über einen längeren Zeitraum läuft.

Beispiele:

o Liste der "Glanzlichter"
(Baugruppen, die über mehrere Lose besonders gut gefertigt worden sind)

o "Zitronen-Liste"
(Baugruppen, die zu einem Zeitpunkt besondere Probleme bereiten; Darstellung der Folgeergebnisse, bis eine akzeptable Verbesserung erreicht wurde)

3.3 Handlungsebenen und Wirkungskreisläufe

Fertigungsprozesse können nur dann nachhaltig verbessert werden, wenn Optimierungen systematisch und konsequent verfolgt werden. Da es sich hierbei um arbeitsintensive Aufgabenstellungen handelt, können sie nicht einfach "nebenbei" erledigt werden; die Bewältigung im Rahmen eines von der Unternehmensleitung getragenen und unterstützten Projektes ist hier sehr hilfreich. Hierdurch wird die Voraussetzung geschaffen, daß Prozeßoptimierung über verschiedene Handlungsebenen und Wirkungskreisläufe effektiv abläuft.

Bild 4 zeigt drei Handlungsebenen,

- das Team	(strategische Ebene),
- die Linienführer	(operative Ebene),
- das Bedienpersonal	(taktische Ebene).

Verbesserungen werden in den dargestellten, gegenläufigen Bewegungsrichtungen Top-down und Bottom-up realisiert.

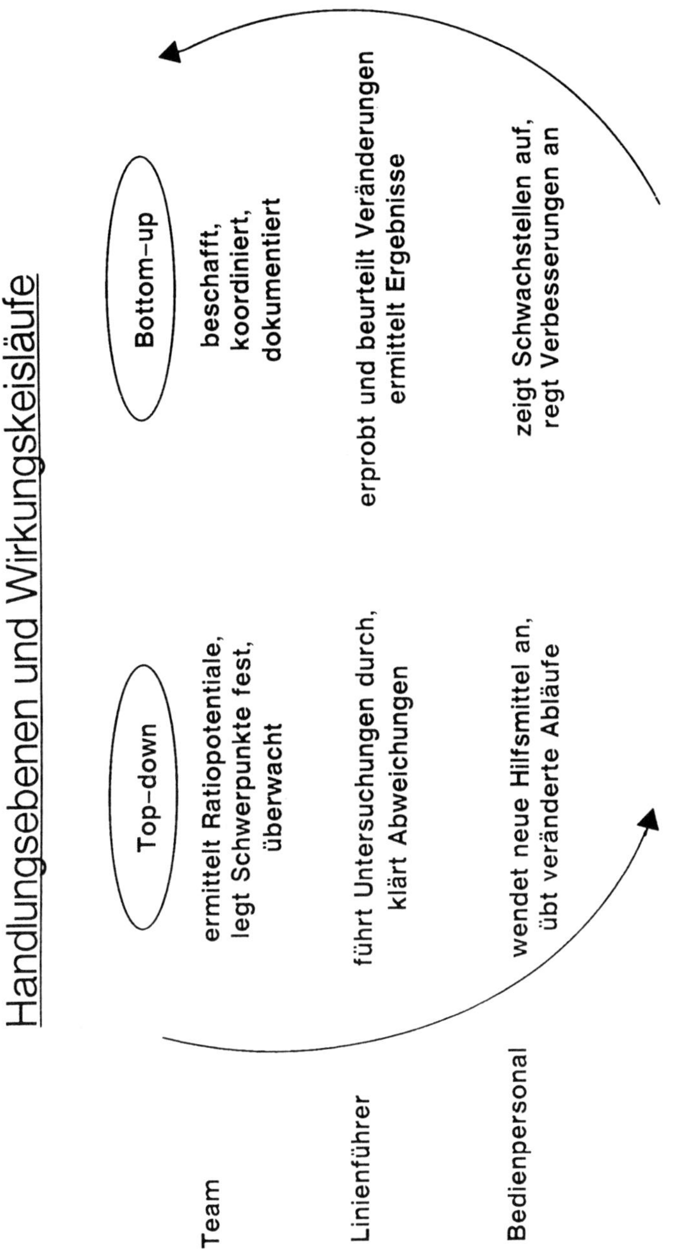

Bild 4 Handlungsebenen und Wirkungskreisläufe

Das Team ermittelt die Rationalisierungspotentiale der einzelnen Prozeßschritte und legt Prioritäten und Einsatzschwerpunkte fest. Bei der Top-down-Richtung werden über die Linienführer ("Vorarbeiter" o.ä.) Einzelmaßnahmen präzisiert und vom Bedienpersonal umgesetzt / erprobt.

In umgekehrter Richtung (Bottom-up) werden Anregungen, Verbesserungsvorschläge u.dgl. des Personals an der Basis weitergegeben, untersucht und vom Team dann flächendeckend eingesetzt oder in Abläufen verankert und dokumentiert.

Diese Verzahnung über Bereichsebenen und Hierarchien hinweg sichert einen effektiven Einsatz des kreativen Potentials, das in der gesamten Belegschaft vorhanden ist.

Beispiel:

Bei einer Fertigungsbeobachtung des Teams zur Ermittlung der MTBF (mean time between failure / mittlere Laufzeit zwischen zwei Fehlern) wurde festgestellt, daß überraschend viele Störungen durch die Zuführung gegurteter Bauelemente verursacht wurden.

Daraufhin wurde mit den Linienführern ein Fehlererfassungsblatt entworfen; darin wurden vom Bedienpersonal eine Woche lang die aufgetretenen Störungen getrennt nach Fehlerarten und Zuführmodultypen erfaßt. Die Auswertung zeigt deutliche Schwerpunkte bei Fehlermerkmalen und einzelnen Modultypen.

Im Rahmen einer Brainstorming-Sitzung mit der Mannschaft wurden Fehlerursachen und Abhilfemaßnahmen diskutiert, für deren Realisierung erfreulichweise in den meisten Fällen ein Mitarbeiter vor Ort die Verantwortung übernahm.

3.4 Motivation des Personals

Über Jahrzehnte hinweg war die Arbeitswelt der Industrie geprägt durch eine starke Trennung zwischen Arbeitsvorgabe und Arbeitsausführung, Büro und Werkstatt, Angestellte und Arbeiter. Als ausreichender Leistungsanreiz diente der Verdienst.

Der Anstieg des allgemeinen Wohlstandes und gesellschaftlicher Wertewandel (Streben nach Freiheit, Freizeit und Selbstverwirklichung statt Mehrverdienst) haben wesentlich dazu beigetragen, daß bestehende Arbeits- und Organisationsformen in die Krise geraten sind. Die Studie des "Massachusetts-Institute-of-Technology" (MIT) über Produktivitätsunterschiede des Automobilbaus in Amerika im Vergleich zu Japan hat gravierende Unterschiede aufgezeigt. Wesentliche Rolle spielt dabei der Einsatz und das Engagement des Personals. So ist heute die Motivation der Mitarbeiter als wesentlicher Erfolgsfaktor ins Blickfeld des Managements geraten.

Die Einführung von Gruppenarbeit und das Herausschneiden von Hierarchieebenen gelten deshalb heute weithin als **das** Erfolgrezept ("lean production / lean Management"). Man darf aber nicht übersehen, daß diese neue Arbeitsformen aufsetzen auf ein System, dessen Strukturen in Jahrzehnten gewachsen sind und die das Denken und Handeln der Mitarbeiter entsprechend geprägt haben.

Der <u>Erfahrungshintergrund</u> vieler Mitarbeiter in der Fertigung spiegelt sich wider in Äußerungen, die so oder in ähnlicher Form oft zu hören sind:

- Stückzahlen / Durchsatz sind wichtiger als Qualität.

- Bei Störungen ist sofortiger Arbeitsfortgang wichtiger als gründliche Schwachstellenanalyse / Fehlerbeseitigung.

- Suche nach Schuldigen hat Vorrang vor Suche nach Fehlerursachen.

- In den Büros wird bestimmt, was und wie gearbeitet werden muß.

- Eigene Vorschläge / Beiträge sind wenig gefragt, werden nur zögernd umgesetzt.

- Informationen über größere Zusammenhänge / Veränderungen im Unternehmen werden vorenthalten.

Die genannten Alltagserfahrungen haben das Denken der Mitarbeiter umso stärker geprägt, je länger sie dem Betrieb angehören. Die Einführung neuer Arbeitsstrukturen und die Entsendung zu Schulungen werden keine tiefgreifenden Veränderungen im Betriebsalltag bringen, wenn sie nicht untermauert werden durch einen neuer Umgang der Vorgesetzten mit Mitarbeitern. Eigenverantwortung kann nur übernehmen, wer den Freiraum dazu erhält. Um dabei einer Überforderung vorzubeugen, ist der Entscheidungsrahmen den Fähigkeiten und Kenntnissen der Mitarbeiter anzupassen.

Fast zwangsläufig rückt bei diesen Überlegungen der Mitarbeiter in den Mittelpunkt der Betrachtung. Ähnlich wie der Psychologe Maslow die "Hierarchie der Bedürfnisse" des Menschen (Maslow'sche Pyramide) beschrieben hat, lassen sich für den Mitarbeiter Bedürfnisse und Erwartungen formulieren (Bild 5). Vom Maß ihrer Erfüllung im Betrieb hängt es ab, wie zufrieden der Mitarbeiter an seinem Arbeitsplatz ist; da ein zufriedener Mitarbeiter bekanntlich mehr und besser arbeitet, lohnt es sich, über diese Zusammenhänge nachzudenken.

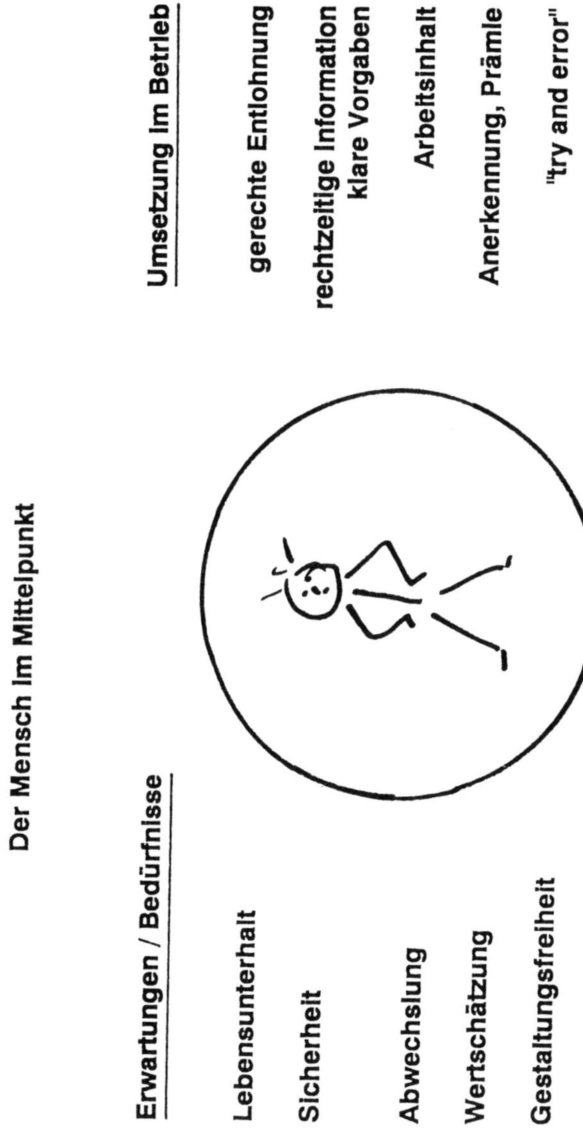

Bild 5 Der Mensch im Mittelpunkt

In erster Linie dient die Arbeit bei der überwiegenden Mehrzahl der Mitarbeiter dem Erwerb des Lebensunterhaltes. Er erwartet vom Betrieb also den Lohn, der in angemessenem Verhältnis zur erbrachten Leistung stehen sollte. Auf eine tiefergehende Betrachtung des Themas "gerechte Entlohnung" soll an dieser Stelle allerdings verzichtet werden.

Gerade in der gegenwärtigen Situation am Arbeitsmarkt, aber auch bei den Tarifverhandlungen wird deutlich, daß Sicherheit mit zu den Grundbedürfnissen des Mitarbeiters zählt. Sicherheit bezieht sich dabei auf den Erhalt des Arbeitsplatzes. Diese Erwartung kann wohl nicht immer erfüllt werden, aber rechtzeitige und ehrliche Information können Frustrationen auf diesem Gebiet deutlich reduzieren. Sicherheit benötigt der Mitarbeiter aber auch in bezug auf seine tägliche Arbeit. Er erhält sie dadurch, daß er weiß, was der Betrieb von ihm erwartet. Hier sind also klare Ziel- und Arbeitsvorgaben gefordert.

Nach diesen Grundbedürfnissen wären nun einige Faktoren zu nennen, durch deren Erfüllung das Engagement und die Kreativität des Mitarbeiters gefördert werden. Hierzu zählen:
- Abwechslung
- Wertschätzung
- Gestaltungsfreiheit.

Wie sehr Abwechslung die Produktivität und Qualität der Arbeit verbessert, ist inzwischen in vielen Betrieben durch Einsatz von Gruppenarbeit statt Fließbandarbeit nachgewiesen worden. Es geht hierbei sowohl um die Gestaltung einzelner Abläufe als auch um den Einsatz des Mitarbeiters an verschiedenen Arbeitsplätzen (Job-Rotation).

Die Wertschätzung, die ein Mensch erfährt, wird bereits in der Bedürfnis-Pyramide von Maslow genannt. Sie muß aber auch im Blick auf den Arbeitsplatz angesprochen werden, da sie gerade hier nicht als selbstverständlich vorausgesetzt werden kann. Nicht von ungefähr fühlen und erleben sich viele Mitarbeiter nur als ein kleines Rädchen im Getriebe, das beliebig ausgetauscht werden kann. Werden hier vorhandene Defizite ausgeglichen - sei es durch eine

Anerkennung, Prämie o.ä. - , können in vielen Fällen deutliche Leistungssteigerungen erreicht werden (kleine Ursache / große Wirkung).

Insbesondere bei höher qualifizierten Mitarbeitern bestimmt die Gestaltungsfreiheit in erheblichem Maß das Engagement und die Kreativität am Arbeitsplatz. Nicht stichhaltig begründete Anweisungen, sich widersprechende oder inkonsequente Vorgaben wirken dagegen lähmend. Eine Arbeitsatmosphäre, in der Neues gewagt und Fehler gemacht werden dürfen (try and error), ermöglicht Initiative und erschließt Lösungen, die "vom Schreibtisch aus" nur bedingt initiiert werden können. Mögen dies auch nur kleine Verbesserungen sein, so macht Kleinvieh bekanntlich auch Mist.

Es wäre übertrieben zu behaupten, daß durch die Arbeit eines Projekt-Teams grundlegende Veränderungen im betrieblichen Zusammenwirken eines Werkes erzielt würden. Aber es hat sich durchaus gezeigt, daß unter Beachtung der o.g. Grundsätze zur Motivation von Mitarbeitern negative Erfahrungen durchbrochen und die Bereitschaft zur Mitgestaltung und Verbesserung der eigenen Arbeit erreicht wird.

4. Ergebnisse

Im folgenden Abschnitt soll kurz Bilanz gezogen werden. Dabei werden zuerst wesentliche Erfahrungen aus der Projektarbeit plakativ zusammengefaßt, danach wird der betriebliche Nutzen dargestellt.

4.1 Erfahrungen / Leitsätze

- Für schnelle Erfolge sorgen; sie spornen an!

- Klare Definitionen geben für Datenerfassung / -auswertung; Ergebnisse nachprüfen.

- Zu den Fehlern stehen; keine Datenmanipulationen!

- Sich nicht verzetteln, sondern auf wenige Schwerpunkte konzentrieren!

- Gegner / Kritiker (sie sind fast immer vorhanden) ins Boot ziehen, ihnen Gelegenheit zur Mitwirkung geben.

4.2 Erzielte Verbesserungen und Einsparungen

Die durch die Arbeit des Prozeßteams erzielten Verbesserungen übertrafen in ihrer Höhe sowohl die Prognosen des Teams als auch die Erwartungen des Managements. Sie waren teilweise begünstigt durch deutliche Fortschritte bei der Herstellung wichtiger Hilfsmittel (z.B. gelaserte Schablone für Lotpastenauftrag); allerdings wären diese ohne das Team sicher nicht so zügig eingeführt worden.

Bild 6 zeigt die Veränderung der Fehlerraten für das Bestücken und Löten beim SMT-Reflow-Prozeß, gemessen bei der Sichtkontrolle nach dem Reflow-Löten.

Bild 7 stellt dar, daß infolge verbesserter Prozeßführung von ursprünglich 100%-Kontrolle der Baugruppen nach dem Reflow-

Löten schließlich bei ca. 90% der Aufträge der Kontrollumfang auf Stichproben reduziert werden konnte.

Die Einsparungen an Kontroll- und Reparaturtätigkeiten amortisierten die (fiktiven) Kosten des Projektteams innerhalb des Folgejahres.

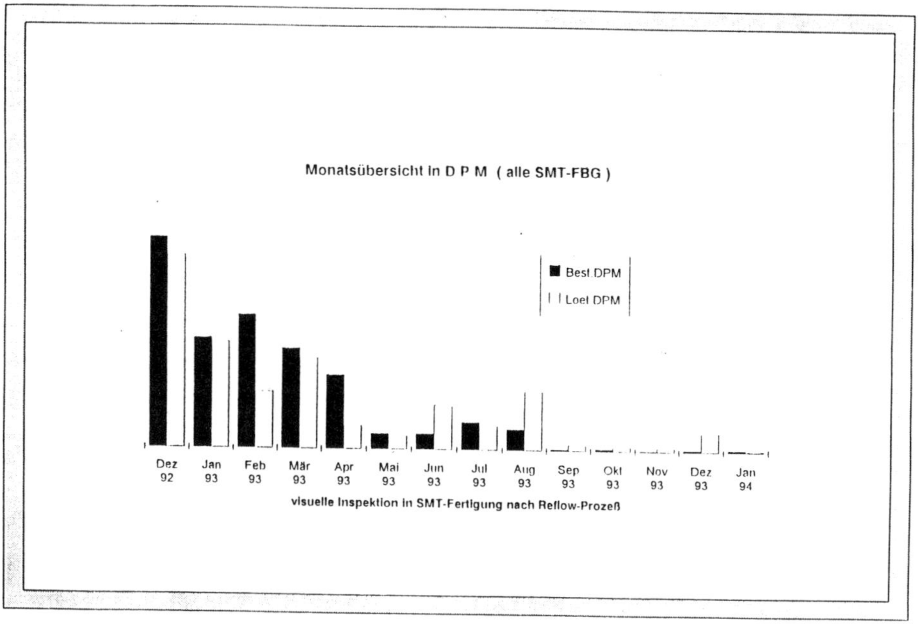

Bild 6 Fehlerraten nach dem Reflow-Prozeß

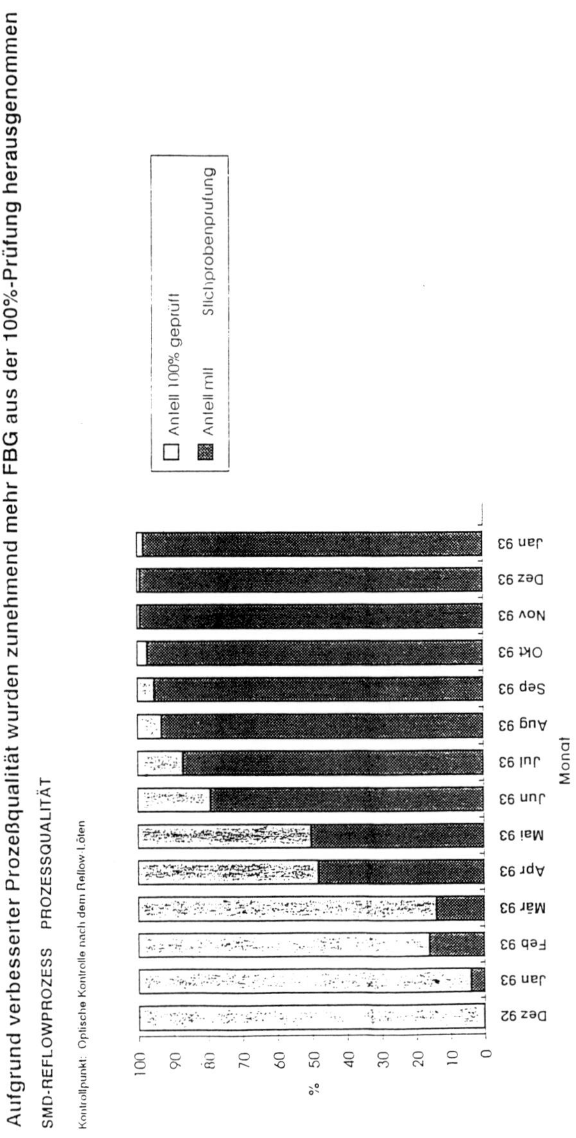

Bild 7
Reduzierung des Prüfaufwandes infolge verbesserter Prozeßführung

Literatur

Gimpel, Bernd:

Qualitätsgerechte Optimierung von Fertigungsprozessen;
ISBN 3-18-401184-4, VDI-Verlag 1991

Bühner, Rolf:

Der Mitarbetier im Total-Quality-Management;
ISBN 3-18-401322-7, VDI-Verlag 1993

Prof. Gerhard Bremmer
Präsident der Architektenkammer Hessen

Bau- und Projektmanagement

1. Darstellung der Problematik

Bauen besteht nicht nur aus Planen und Entwerfen, sondern genauso wichtig ist die Umsetzung einer Planung in gebaute Realität.

Man muß beim Bauen unterscheiden zwischen
- **Bauherrenaufgaben,**
- **Planungsleistungen** durch Architekten und Ingenieure
- **und Bauleistungen** durch ausführende Firmen.

Bauen ist ein Optimierungsvorgang
in - umweltrelevanter
- städtebaulicher
- wirtschaftlicher
- konstruktiver
und - gestalterisch-architektonischer Hinsicht.

Bauen ist also sehr vielseitig und komplex.

Wie ist deshalb die Entstehung eines Projektes möglichst systematisch zu steuern und zu managen? Was sind die Anforderungen an Bau- und Projektmanagement?

Das Thema ist im wesentlichen nach drei Schwerpunkten zu gliedern:
1. Bauherrenaufgaben
2. Planungsmanagement
3. Ausführungsmanagement

Zu den Bauherrenaufgaben:

Der Bauherr hat primär seine Interessen wahrzunehmen, er hat seine Ziele zu definieren. Das kann er in der Regel aber nicht alleine, sondern er muß sich abstimmen mit fachlichen Beratern und den Behörden.

Er muß wissen, was er will. Wie seine betrieblichen Belange, die Organisation
- die Nutzungen aussehen sollen
- wie er sich darstellen will nach innen und nach außen
- in welchem finanziellen Rahmen er sich bewegen kann usw.

Gut ist es, wenn ein Verantwortlicher auf der Bauherrenseite vorhanden ist, der Bauherrenaufgaben koordiniert, also ein **Projektleiter**, der die Projektvorbereitung betreibt und das Projekt betreut.

Es gibt in der Regel vier Stufen der Abwicklung:

1. Projektvorbereitung
2. Planung
3. Ausführungsvorbereitung
4. Ausführung.

2. Zur Projektvorbereitung

2.1 Bestandsaufnahme und zukünftiger Raumbedarf

Der Bauherr sollte zunächst möglichst genau klären, was er will. Er sollte seinen jetzigen Bestand mit dem zukünftigen Bedarf vergleichen und hochrechnen. Er sollte zuerst ein **Raumprogramm** entwickeln - oder wenn er dabei Schwierigkeiten hat - sich beraten lassen, anhand von vergleichbaren Projekten von einem Architekten oder darauf spezialisierten Unternehmensberatern. Ich will dies an 2 konkreten Beispielen erläutern:

Wir haben für HONDA das Forschungs- und Entwicklungszentrum für Europa geplant: Die Japaner wissen, was sie wollen, analysieren gründlich und fleißig ihren Bedarf, ihre Zielprojektionen usw., entwickeln ein **betriebliches Layout**, d.h. sie zeigen die betrieblichen Abhängigkeiten auf, so daß beide Beteiligte, der Bauherr und der Planer, genau die Bedürfnisse des Unternehmens im Dialog erarbeiten und dann auch exakt kennen.

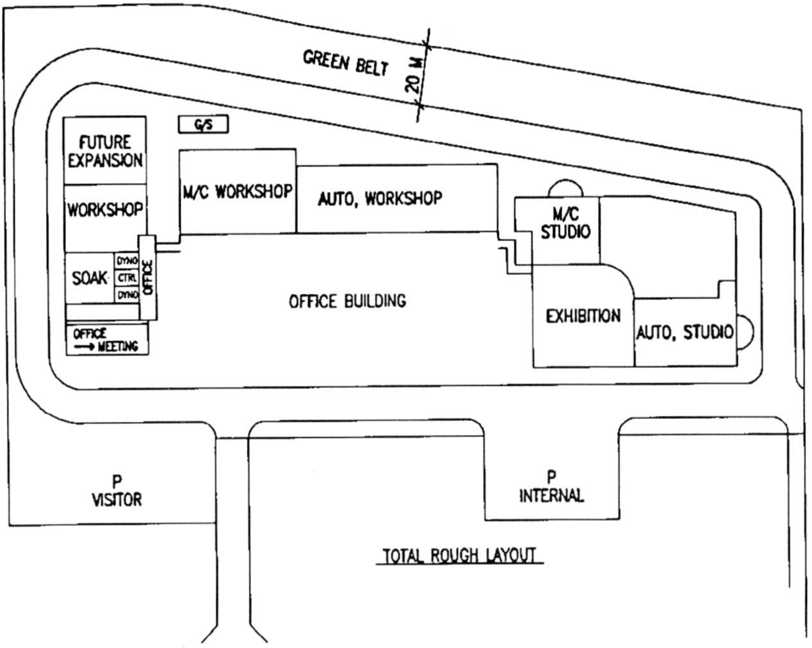

Ein zweites Beispiel: Wir haben für den Flughafen Frankfurt ein Gelände von 18 ha zu beplanen mit unterschiedlichsten Gebäuden, ein Umfang von mehr als 200 Mio. DM. Im Grundsatz weiß der Bauherr, was entstehen soll, aber genaue Flächengrößen, die Standorte für die einzelnen Gebäude, betriebliche Abläufe müssen erarbeitet werden.

In diesem Fall geschah das durch die Einschaltung eines externen Beraters, der durch Bestandsaufnahme bei den Nutzern, Soll/Ist-Vergleiche, ein Raumprogramm und die funktionellen Zuordnungen im Gespräch, Nutzer - Architekt erarbeitet hat.

Bauen hat aber nicht nur mit Zahlen, Terminen und Kosten zu tun, sondern es geht um Ideen, um Konzeptentwicklungen, um Kreatives.

2.2. Wie ist die Darstellung eines Unternehmens nach innen und außen wirkungsvoll umzusetzen?

Bei dem Zustandekommen eines Raumprogrammes sollte ein Bauherr nicht nur Flächen addieren, sondern auch darüber nachdenken, wie sich sein Unternehmen der Öffentlichkeit gegenüber darstellen will. Dabei muß man daran denken, daß die Kunden von morgen jünger sind als die Vorstandsmitglieder von heute.

Architektur ist seit frühesten Zeiten ein Medium der Selbstdarstellung. Dies ist auch für Bauherren eine Chance! Bauten machen Eindruck auf die Menschen in positivem wie in negativem Sinne. Das gilt für die Mitarbeiter wie für die Besucher und die Betrachter. Architektur ist mehr als die Fabrikation von Bauwerken. Dem Empfinden der Menschen gegenüber der gebauten Umwelt wurde bisher oft zu wenig Beachtung geschenkt.

Gestaltete Umwelt, Architektur, ist ein Mittel der Identifikation, des Sich-Wohl-Fühlens oder Sich-Nicht-Wohl-Fühlens. Dabei ist dies nicht eine Frage der Kosten. Gegenüber den vielen Schema-F-Bauten kommt es auf die Kopfarbeit an, bessere Ergebnisse zu erzielen, um ein eigenes Image auszudrücken, durch Bauen widerzuspiegeln, was in einem Gebäude vorgeht, wie das Unternehmen sich darstellt. Der "reine Zweckbau" bekommt deshalb immer mehr Konkurrenz. Denn nicht der Zweck alleine bestimmt die Gestalt eines Gebäudes.

Entscheidungen in Firmen richten sich heute nicht mehr nur nach der Rentabilität, sondern auch danach, wie sie sich selbst darstellen können durch Architektur. Sie stellen unverwechselbar zum Konkurrenzunternehmen ihre Position dar durch ein Wahrzeichen. Industrie und Politik haben längst erkannt, daß gute Architektur ein außergewöhnlicher Werbeträger ist. Wenn der Satz stimmt, daß dieselbe Eigenschaft, wodurch ein Gebäude schön ist, auch seiner Bonität zuträglich ist, dann begreife ich nicht, wie gerade im Bereich der Arbeitswelt oft fehlinvestiert wird, - indem nur anscheinend rationell-wirtschaftliche Gesichtspunkte für das Bauen ausschlaggebend sein sollen.

Denn es geht um **"mehr Produktivität durch gute Räume. Manager entdecken die Wirkung der Architektur".** [1]

Es geht dabei u.a. um folgende Thesen:

Das Schöne ist nicht nur schön, sondern zugleich nützlich und ökonomisch. **Ästhetik und Ökonomie müssen einander durchdringen.**

Die Mehrzahl der Menschen verbringt viele Stunden in den Bereichen, die wir Arbeitswelt nennen. Wir müssen deshalb Räume entwerfen, die eine positive Wirkung auf den Menschen ausüben.

2.3. Standortbedingungen und Investitionskosten

Bei der Auswahl eines Grundstückes sollte man
- Standortbedingungen
- Auflagen der Behörden
- Umweltbedingungen
- Lage
- Umfeld
- Bebaubarkeit
- Ausnutzung
- zulässige Höhenentwicklungen
- Grundflächenzahl
- Geschoßflächenzahl
- verkehrliche Anbindung
- Bodenverhältnisse
- Erschließungskriterien für
  Straßen, Kanal, Wasser, Strom, Gas
  und deren Kosten untersuchen [2]

Bei der Auswahl eines Grundstückes sollte man außer der Untersuchung der Standortbedingungen eine

Bodenuntersuchung vornehmen lassen - wegen Fragen der Gründung oder einer möglichen Bodenbelastung.
Bei all diesen Fragen kann Sie ein guter erfahrener Architekt beraten. Im übrigen werden heute mehr als ¾ der Neubauten in der Regel als Kombi-Bürohäuser geplant, die den Ausbau mit Gruppenräumen, Zellenbüros und Kombi-Büros gestalten.

"Erst formt der Mensch ein Gebäude, dann formt das Gebäude den Menschen", erkannte Winston Churchill scharfsinnig.

2.4 Ablaufdiagramm Projektvorbereitung [2]

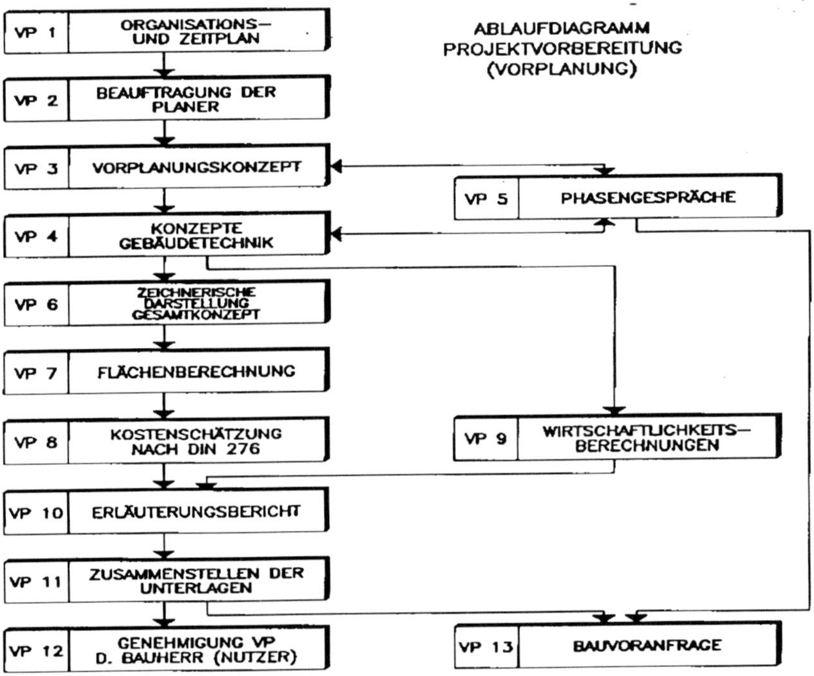

3. Planung der Planung

3.1 Leistungen

Alle Planungen der Architekten und Ingenieure werden durch die vom Gesetzgeber in der Honorarordnung (HOAI) festgelegten Schritte bestimmt. Sie sehen im einzelnen folgendermaßen aus[3]:

HOAI

	Bewertung der Grundleistungen in v.H. der Honorare		
	Gebäude	**Frei-anlagen**	**raumbildende Ausbauten**
Grundlagenermittlung Ermitteln der Voraussetzungen zur Lösung der Bauaufgabe durch die Planung	3	3	3
Vorplanung (Projekt- und Planungsvorbereitung) Erarbeiten der wesentlichen Teile einer Lösung der Planungsaufgabe	7	10	7
Entwurfsplanung (System- und Integrationsplanung) Erarbeiten der endgültigen Lösung der Planungsaufgabe	11	15	14
Genehmigungsplanung Erarbeiten und Einreichen der Vorlagen für die erforderlichen Genehmigungen oder Zustimmungen	6	6	2
Ausführungsplanung Erarbeiten und Darstellen der ausführungsreifen Planungslösung	25	24	30
Vorbereitung der Vergabe Ermitteln der Mengen und Aufstellen von Leistungsverzeichnissen	10	7	7
Mitwirkung bei der Vergabe Ermitteln der Kosten und Mitwirkung bei der Auftragsvergabe	4	3	3
Objektüberwachung (Bauüberwachung) Überwachen der Ausführung des Objektes	31	29	31
Objektbetreuung und Dokumentation Überwachen der Beseitigung von Mängeln und Dokumentation des Gesamtergebnisses	3	3	3

3.2 Organisation

Ein Architektur- oder Ingenieurbüro ist zur sauberen Umsetzung dieser Leistungen normalerweise, wie folgt, organisiert:

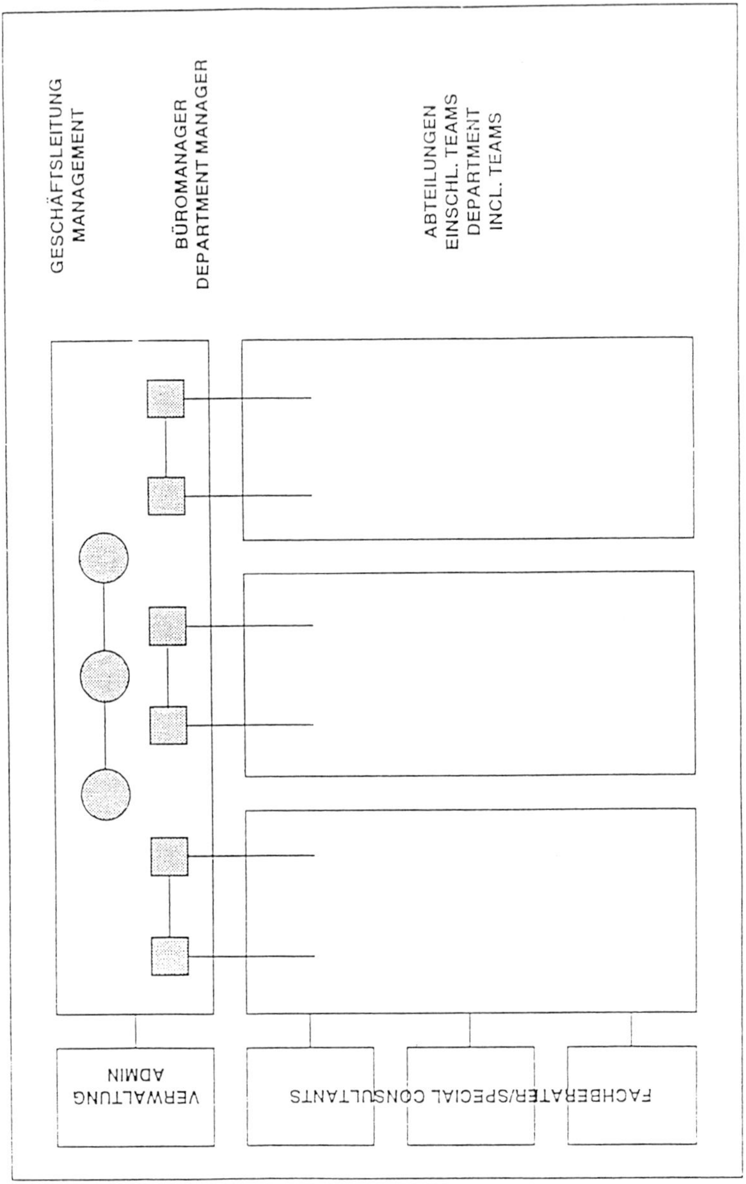

△ Organigramm/Organigram

PROF. BREMMER · LORENZ · FRIELINGHAUS
PLANUNGSGESELLSCHAFT MBH
ARCHITEKTEN BDA
Friedberg · Berlin · Weimar · Leipzig

POSTFACH 100201 61142 FRIEDBERG/H
STRASSHEIMER STR. 7 61169 FRIEDBERG/H
TELEFON 06031/6002-0 FAX 06031/6002-22

BÜROORGANISATION

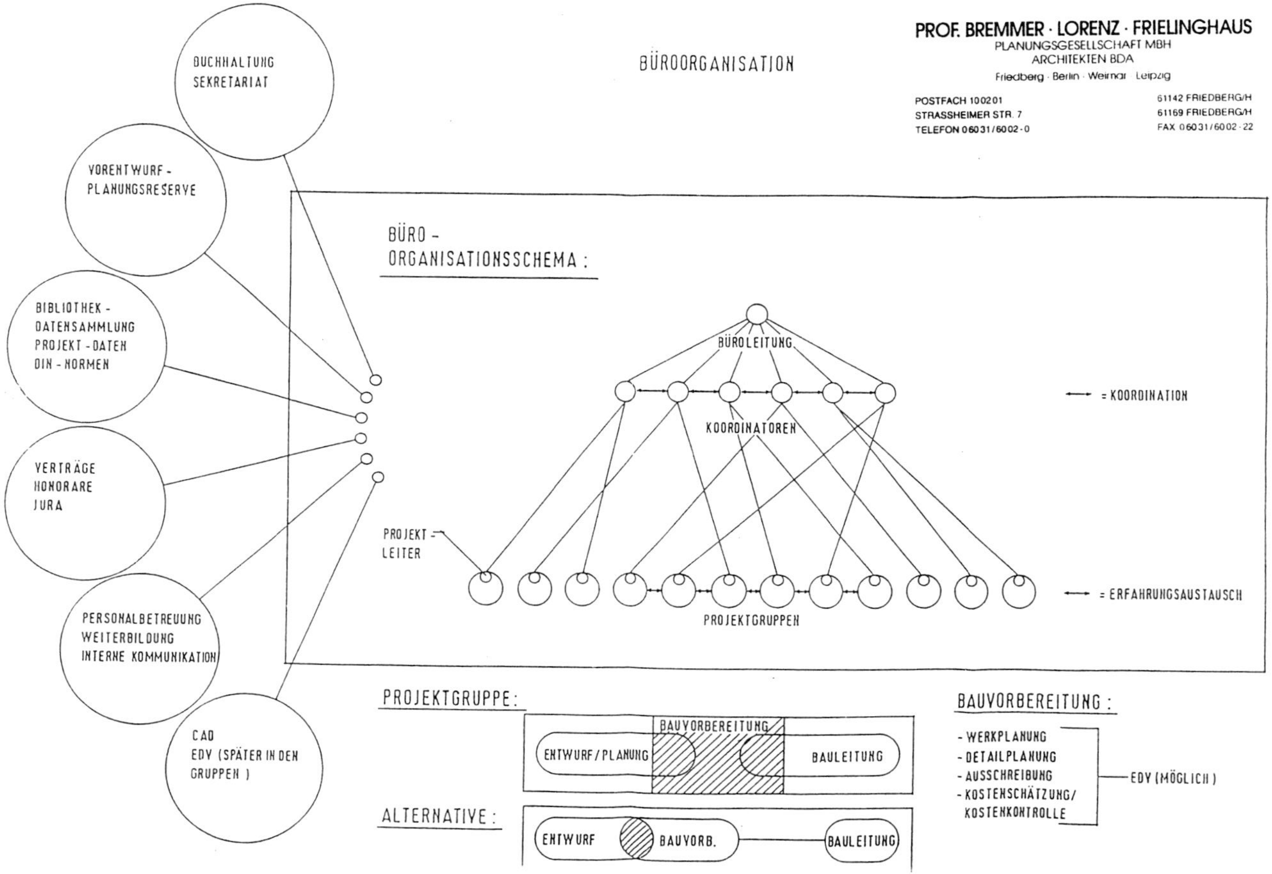

3.3 Bewertung der Qualität eines Projektes

Wir sprechen insgesamt, um ein Projekt richtig beurteilen zu können, von
- Objektqualität
- Prozeßqualität
- Qualität der Personen.

Zur Qualität eines Objektes gehören:

1. Umweltqualität
   - Flächenanspruch
   - Materialwahl
   - energetische Qualität

2. Städtebauliche Qualität
   - Einbindung in Landschaft und Umgebung
   - gestalterische Integration
   - funktionale Integration

3. Funktionale Qualität
   - Nutzungsordnung
   - Nutzungsflexibilität
   - Nutzungsrepräsentanz

4. Konstruktive Qualität
   - statische Struktur
   - physikalische Struktur
   - Dauerhaftigkeit

5. Ökonomische Qualität
   - Herstellungskosten
   - Folgekosten
   - Kostenangemessenheit

Keines dieser Qualitätskriterien darf isoliert betrachtet und alleine in den Vordergrund gestellt werden. Sie müssen zusammengesehen und abgewogen werden.

In diesem Prozeß kommt als Wesentliches hinzu:
- die Gestaltung, die Architektur erst ausmacht, wie ein Gebäude auf den Menschen wirkt, ob er sich darin wohlfühlt, es als schön oder häßlich empfindet.

Gestaltung heißt:
- Aufbau, Gefüge ...
- Beschaffenheit, Oberfläche
- Gestus, Habitus
- also die künstlerische Qualität.

Zur Prozeßqualität gehören:
- Prozeßmanagement
- Kosten- und Terminsicherheit

und zur Qualität der Person
- das Psychogramm Architekt
- und sein Büro
- die Kompetenz [4]

3.4 Was ist unter Berücksichtigung dieser Kriterien zu beachten, um zu einer Baugenehmigung zu kommen? [2]

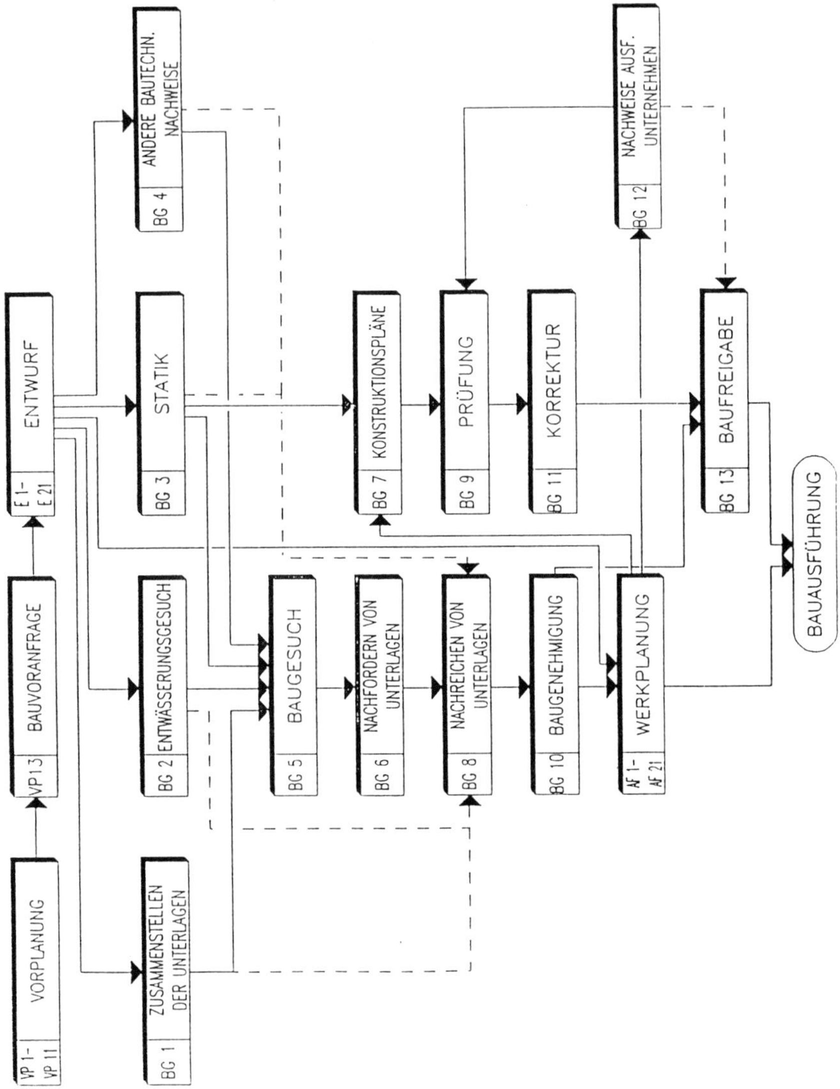

3.5 Wie kommt man zu Kosten, die hinterher auch eingehalten werden?

- **Kostenermittlungen**
  Sie können anhand des Raumprogrammes, z.B. über die Flächen vorgenommen werden. Wir haben in unserem Büro Kostenrichtwerte aus abgerechneten oder in der Planung bzw. Ausführung befindlichen Bauten, EDV-gespeichert, u.a. für

  - Verwaltungsbau
  - Industriebau
  - Gewerbeparks
  - Shopping Mals
  - Märkte
  - Lager
  - Hotels
  - Freizeiteinrichtungen
  - Banken
  - öffentliche, kommunale Sportbauten
  etc.

  Dabei muß man unterscheiden zwischen

  - Grundstückskosten
  - Gebäudekosten [a])
  - Einrichtungskosten
  - Außenanlagen
  - Nebenkosten (Behördenleistungen, Honorare usw.)
  - standortbedingten Kosten (dabei muß man die jeweilige Topografie, den Baugrund, die Erschließung usw. beachten)
  - Finanzierungskosten

  Der andere Weg, zu Zahlen zu kommen, ist der über den umbauten Raum, den man aufgrund der Raumprogrammflächen ermitteln und mit exakten Richtpreisen hochrechnen kann.

---

[a] Dabei kann der Ausbaustandard unterschiedlich sein. Dieser muß mit dem Bauherrn definiert werden.

Eine dritte Möglichkeit ist die Elementmethode:
Dabei werden die wesentlichen Elemente, wie Decken, Wände, Fenster etc, erfaßt und mit Einheitspreisen multipliziert hochgerechnet.

Bei uns im Büro werden alle Projekte über CAD gezeichnet. Dadurch sind Flächen und Massen vorhanden: sie werden mit den in der EDV gespeicherten Einheitspreisen multipliziert. Dadurch ist **in jeder Phase der Planung vom Vorentwurf bis zur Abrechnung eine Kostenkontrolle** möglich.

Kostenkorrekturen können somit auch jederzeit vorgenommen werden.

3.6 Was erwartet der Bauherr und was bedeutet dies für die Qualitätssicherung der Planung und des Projektes?

Der Bauherr erwartet
- Kostensicherheit zum frühestmöglichen Zeitpunkt
- kurze Planungs- und Bauzeiten
- verläßliche Finanzplanung
- Optimierung von Qualitäten, Kosten und Terminen
- Erhöhung von Wirtschaftlichkeit durch größere Transparenz und systematische Fehlervermeidung
- gestalterische und städtebauliche Optimierung[5]

4. Ausführungsmanagement

4.1 Projekthandbuch

Um zwischen Projektvorbereitung und Projektfertigstellung möglichst systematisch alle Themenbereiche festlegen und kontrollien zu können, ist es am besten, ein Projekthandbuch anzulegen.

Ein Projekthandbuch sollte folgendes enthalten:
1. die Anforderungen an ein Projekt
2. die Planungs- und Qualitätsfestlegungen
3. die Organisation
4. Kosten- und Terminmanagement.

Es könnte folgendermaßen gegliedert sein: [5]

1. Anforderungen

1.1 Wirtschaftliche Anforderungen
   1. Ziel
   2. Zweck
   3. Finanzen
   4. Rendite

1.2 Umfeldanforderungen
   1. Verkehr
   2. Infrastruktur
   3. Umwelt

1.3 Gebäudeanforderungen
   1. Architektur
   2. Technik
   3. Konstruktion
   4. Räume
   5. Flächen

1.4 Arbeitsplatzanforderungen
   1. Ablauf
   2. Kommunikation
   3. Zusammenarbeit

1.5 Wartung, Pflege und Betrieb
   1. Außenhaut
   2. Innenausbau
   3. Gebäudetechnik
   4. Termine

2. Planungs- und Qualitätsfestlegungen

2.1 Grundstück
1. Beschaffenheit
2. Größe
3. Nutzung
4. Gebäudeanordnung
5. Erschließung

2.2 Bauwerk
1. Übersichtspläne
2. Baubeschreibung
3. Struktur
4. Qualitätsfestlegungen
5. Kenndaten

2.3 Ausführung
1. Umfeld
2. Nachbarn
3. Bauablauf

3. Organisation

3.1 Projektbeteiligte
1. Bauherr
2. Auftraggeber
3. Behörden
4. Versorgungsunternehmen
5. Planungsbeteiligte
6. Ausführende Firmen
7. Nachbarn

3.2 Organisationsstruktur
1. Projektorganisation
2. Informationsfluß
3. Besprechungen
4. Änderungen
5. Codierung der Pläne
6. Planungsablauf und Freigabe
7. Organisation der Bemusterung

3.3 Anträge und Genehmigungen
1. Bauantrag
2. Genehmigung
3. Abnahme

3.4 Termin- und Ablaufplanung
1. Struktur der Terminpläne
2. Rahmenterminplan
3. Generalablaufplan
4. Planung der Planung
5. Planung der Ausführung
6. Terminkontrollberichte

3.5 Ausschreibung, Vergabe und Baudurchführung
1. Art der Ausschreibung
2. Gliederung der Leistungsverzeichnisse
3. Vergabepakete
4. Bauzustandsberichte
5. Qualitätssicherung

3.6 Dokumentation
1. Phasenberichte
2. Bestandsunterlagen
3. Planlisten
4. Ablage und Aufbewahrung

4. Kostenmanagement

4.1 Kalkulation
1. Schätzung
2. Berechnung
3. Anschlag
4. Feststellung
5. Auswertung

4.2 Auftrag
1. Auftragsmeldung
2. Auftragsfortschreibung
3. Auftragsübersicht

4.3 Vergabe
1. Vergabemeldung
2. Vergabefortschreibung
3. Auftragsübersicht

4.4 Erfolgsrechnung
1. Leistungsmeldung
2. Soll - Ist - Vergleich
3. Ergebnisrechnung

4.2 Wie funktioniert eine Ausschreibung und wie komme ich zur Vergabe von Bauleistungen?

Die Auswahl der an der Ausführung eines Bauwerkes beteiligten Unternehmer der Bauindustrie, des Baugewerbes und des Bauhandwerkes erfolgt in der Regel nach Verdingungsverfahren, die im allgemeinen dem günstigsten Bieter zum Auftrag verhelfen.

Wegen des mit jeder Art unternehmerischer Tätigkeit einhergehenden Gewinnstrebens und der damit verbundenen Logik wirtschaftlicher Vorgänge kann man grundsätzlich nicht davon ausgehen, daß eine moralische Verpflichtung zur Erzielung hoher Bauqualität bei allen an der Entstehung eines Bauwerks Beteiligten besteht.

Somit gilt es zunächst, eine Ordnung herzustellen, in welcher auch die Qualitätsfragen ihren bestimmten Platz haben. Das geeignete Mittel, dies festzulegen, sind die Pläne und die Ausschreibungen, die genauere Bestimmungen der Qualitätsmerkmale erhalten müssen, auch um die Wirtschaftlichkeit beurteilen zu können. Erst wenn Qualitätsmerkmale, welche den Anspruch näher beschreiben, definiert sind, besteht Klarheit über das Qualitätsziel.

Der Bauherr als Auftraggeber sieht seinen ersten Vertrauten im Architekten, dem er die Auswahl der an Planung und Ausführung Beteiligten oder zum Preiswettbewerb aufzufordernden Unternehmer und Handwerker überlassen sollte, weil dieser sich fachlich auskennt.

Ablaufdiagramm, Ausschreibung[2]

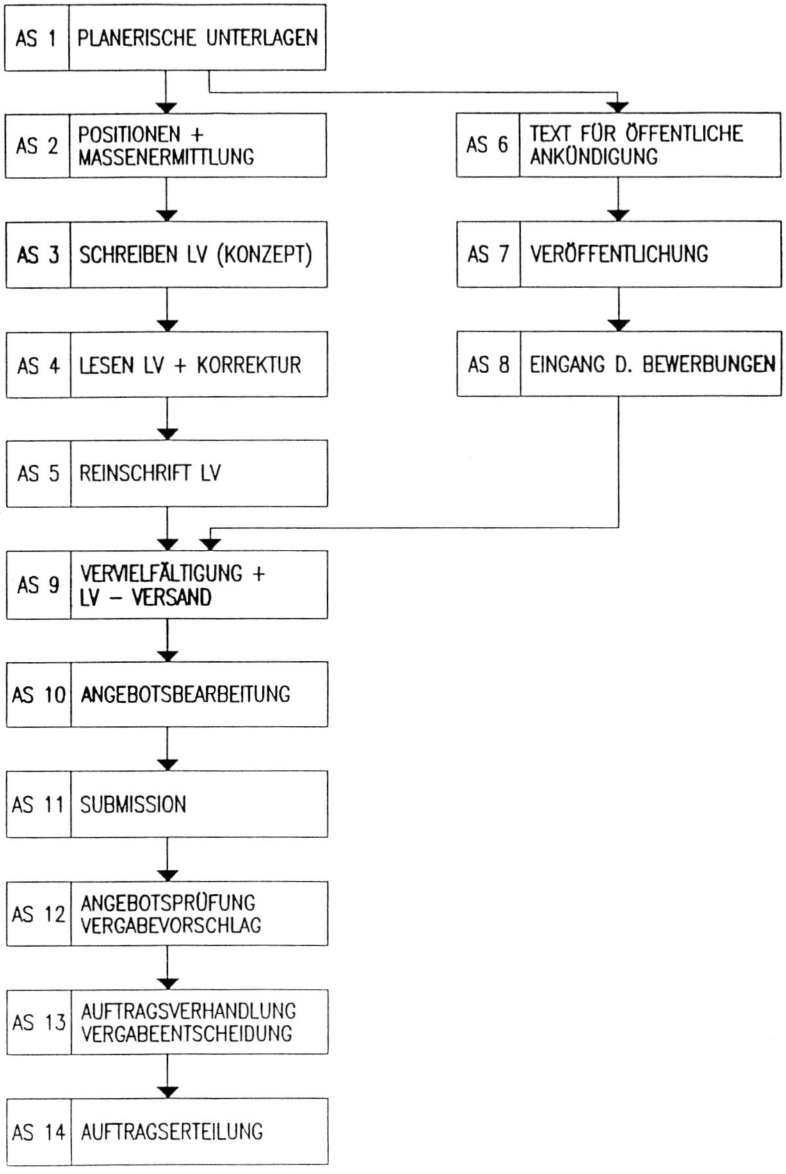

4.3 Vergabe an einen Generalunternehmer?

Dieser muß in der Regel für sein "Overhead", die Koordination der Beteiligten, ca. 10% aufschlagen. Für den Bauherrn bzw. Auftraggeber können sich jedoch bei der Vergabe an Generalunternehmer vordergründig Vereinfachungen ergeben, weil er statt mehrerer Vertragspartner, wie bei getrennter Vergabe üblich, nur einen Auftragnehmer hat. Aber: Der Generalunternehmer wird die planerischen Kriterien der Architektur nicht im Vordergrund sehen, sondern die Fragen der Ausführung.

Für die Planung sind die Architekten die ausgebildeten Fachleute. Es gibt natürlich auch den Weg der unabhängigen Planung durch den Architekten und den der Ausschreibung durch den Architekten für einen Generalunternehmer, d.h. für ein schlüsselfertiges Angebot zu festen Preisen und festen Terminen.

Aufträge sind - so heißt es in unserem Vertragsrecht in der Bundesrepublik - an Architekten und Ingenieure zu vergeben, deren Fachkunde, Zuverlässigkeit, Leistungsfähigkeit, Gestaltungsfähigkeit und **Unabhängigkeit** feststeht, die über ausreichende Erfahrungen verfügen und die Gewähr für eine wirtschaftliche Planung und Bauausführung bieten.

Dabei kann ein Generalunternehmer, sollte er auch selbst planen wollen, sich nicht selbst kontrollieren. Darauf muß man aufmerksam machen; deshalb muß der Architekt unabhängiger Treuhänder des Bauherrn sein und die Kontrolle für ihn vornehmen.

4.4 Wer kontrolliert was und wen?

Der Architekt kontrolliert die Firmen, im Hinblick darauf, ob
- die einschlägigen Normen eingehalten worden sind,
- ob die rechtlichen Belange gewahrt wurden,
- ob die Baukosten ausreichen.

- Ein entscheidendes Qualitätskriterium ist jedoch darüber hinaus nicht nur der materielle, sondern auch der ästhetische Wert des Bauwerks. Entstanden aus Kreativität fördert er das Wohlbefinden des Menschen, und eine höhere menschlich-schöpferische Leistung dient letztlich höheren Produktionszielen - siehe Projekthandbuch.

Die Qualitätsmerkmale und Qualitätsziele müssen deshalb **durch Projektmanagement optimiert** werden.

- Ein Generalunternehmer kontrolliert seine Subunternehmer und setzt sie ein.

Ein Projektsteuerer ist als Controller des Auftraggebers für die wirtschaftliche Realisierung im Sinn von Rendite, Wertsicherung, Betriebswirtschaft und Finanzierung zuständig.

Man unterscheidet bei all diesen Fragen und ihren Lösungen zwischen

- Architekturqualität
- Ausführungsqualität
- Nutzungsqualität

Um diese Ziele zu erreichen, benötigt man nicht nur eine sorgfältige Planung, sondern auch eine unnachsichtige und konsequente Überwachung, d.h. Bauleitung.

Qualität hat natürlich auch ihren Preis. Qualität kostet Geld, aber fehlende Qualität kostet mehr.
Gute Bauwerksqualität entsteht dann, wenn gute Qualität von Planung **und Ausführung** zusammentreffen.

4.5 Vertragsgestaltung

Um die Wirksamkeit der beschriebenen Kriterien zu veranlassen und durchzusetzen, bedarf es entsprechender vertraglicher Vereinbarungen.

Zu unterscheiden ist grundsätzlich zwischen:
Vertrag Auftraggeber / Architekt und Ingenieuren
und Vertrag Auftraggeber / Bauunternehmer und Handwerker

Zum Vertragsverhältnis Bauherr / Architekt

Der Architekt ist der unabhängige Berater und Treuhänder des Bauherrn!

Seine Aufgaben sind die Planung und Bauüberwachung von Gebäuden, Freianlagen und Innenräumen. Die Planung berücksichtigt **Gestaltung**, **Technik** und **Wirtschaftlichkeit**. Der Architekt ist den Belangen des Bauherrn in jeder Hinsicht verpflichtet. Er warnt ihn vor Fehlentscheidungen und schützt ihn vor Übervorteilungen. Seine Berufsausübung ist durch eine Berufsordnung geregelt und wird durch die Architektenkammer überwacht. Das Honorar des Architekten ist niedergelegt in einer gesetzlich festgelegten Honorarordnung. Im Gegensatz zum Unternehmer braucht er deshalb nicht gewinnorientiert zu arbeiten.

Die Vorbereitung von Verträgen mit Firmen ist deshalb Sache des Architekten, die Abnahme der Bauleistungen ebenfalls, genauso wie die Kontrolle der Verjährung.

Aber entscheidend ist seine Motivation für Qualität der Architektur und seine Kreativität. Beides ist nicht delegierbar. Und dazu müssen in seinem Treuhänderverhältnis zum Bauherren Kosten und Termine mit an oberster Stelle stehen.

Zu den vertraglichen Aufgaben des Architekten gehört also ein **Optimieren der Funktionen, der Gestaltung, der Konstruktion** (mit dem Statiker), der Gebäudetechnik und des Brandschutzes mit den Fachingenieuren. All dies muß in genaue textliche Beschreibungen umgesetzt werden. Dazu gehört ein erfahrener Bauleiter des Architekten, der das, was er ausgeschrieben hat, auch bei der Ausführung der Firmen kontrolliert.

Er hat den Bauablauf an der Baustelle zu koordinieren, und er hat hart durchzugreifen, wenn die Arbeiten nicht einwandfrei ausgeführt werden oder Firmen Termine nicht einhalten. Er hat Entscheidungen der Beteiligten herbeizuführen - ein wichtiger Punkt, weil es einmal um Entscheidungen der technisch Beteiligten untereinander geht und zum anderen dem Bauherrn die Konsequenzen technischer Entscheidungen aufgezeigt werden müssen hinsichtlich Investitions- und Folgekosten.

Die Klärung dieser Fragen hängt mit der Überwachung und Abstimmung von Budget- und Terminplänen und deren Durchsetzung zusammen.

Letztlich und endlich hat der Architekt sich bei beiden Verfahren, bei Vergabe nach einzelnen Gewerken oder schlüsselfertig an einen Generalunternehmer, um die **Mängelbeseitigung** zu kümmern im Rahmen der **Gewährleistung** und hat dem Bauherrn Bestandspläne zu übergeben, damit dieser weiß, wo welche Leitungen liegen, wenn in Zukunft Erneuerungen stattfinden müssen oder neue technische Entwicklungen auftauchen, die nachinstalliert werden müssen.

5. Zusammenfassung:

Aufgrund der Komplexität eines Bauprojektes - es ist sicher deutlich geworden, wie viele Gesichtspunkte zu beachten sind - braucht der Bauherr einen Partner, der qualifiziert ist und der Durchblick, Überblick, und Weitblick hat; und nicht eine Vielzahl von Beratern mit oft sehr divergierenden Ansätzen und Anschauungen, weil jeder nur partiell seinen Einzelbereich sieht. Auch beim Bauen muß es um ein schlankes und klares Projektmanagement gehen; ein Abbau von unnötigen Berichten, Formularen, Anweisungen, EDV-Listen usw. Entscheidend aber ist, daß die unterschiedlichen Gesichtspunkte richtig analysiert, gewichtet und gebündelt werden von jemandem, der Erfahrung und die entsprechende Kompetenz hat, sonst leidet das Gesamtergebnis und das Gesamterscheinungsbild der Architektur. Es darf nicht nur gebaut werden, was programmierbar ist; denn das wird dann verdammt eintönig aussehen.

Ein Architekt muß aufgrund seines Könnens, seiner Persönlichkeit, seines Ansehens und um seines Erfolges willen das Team zu einem guten Ergebnis für den Bauherren und für die Menschen führen, die ein Gebäude nutzen und es erleben.

---

1. „Mehr Produktivität durch gute Räume. Manager entdecken die Wirkung der Architektur",Econ-Verlag, Düsseldorf, Wien, New York 1991

2. W. Rösel; „Baumanagement" "Grundlagen - Technik - Praxis", 2. Auflage

3. „HOAI - Verordnung über die Honorare für Leistungen der Architekten und Ingenieure in der Fassung der Vierten ÄnderungsVO", Stand 01.01.1991, Werner-Verlag

4. Dipl.-Ing. Jochen Boskamp, Präsident des BDA „Die Qualitätssicherungssysteme", Der Architekt 07/94

5. Dipl.-Ing. Schiel; DeTeBau-Vortrag „Erwartungen des Auftraggebers an Projektsteuerung aus technischer Sicht"

Dr. Sandra Bartsch-Beuerlein
Informatik Beratung Bartsch-Beuerlein

Projektmanagement mit *ViewPoint*

1. Einleitung

Anfang 1990 erlebte das Thema Projektmanagement ein Hoch an Popularität. Aufgrund der schon damals merkbar nachlassenden Konjunktur suchten die Unternehmen nach neuen Wegen, ihre Vorhaben besser, schneller und rationeller abzuwickeln und sich dadurch einen stabilen Platz auf dem Markt zu sichern. Die Wiederentdeckung von Projektmanagement, gepaart mit dem rasanten Aufschwung der PC-Technologie, führte zu einer bereits aus der Zeit der ersten „Office Automation“ in den 80-er Jahren bekannten Reaktion - die Suche nach Lösungen wurde weitgehend auf die Suche nach Software reduziert.

Im folgenden werden die Möglichkeiten und die Grenzen eines Softwareeinsatzes beim Projektmanagement aus der Sicht der Autorin, die über langjährige Erfahrung in der Projektmanagementberatung und einige intensive Erfahrungen mit dem Vertrieb von Projektmanagement - Software verfügt, erläutert.

2. Generelle Betrachtungen

> *Wenn du ein Schiff bauen willst,*
> *so trommele nicht die Männer zusammen*
> *um Holz zu beschaffen,*
> *Werkzeuge vorzubereiten,*
> *die Arbeit einzuteilen*
> *oder Aufgaben zu vergeben,*
> *sondern lehre alle Männer*
> *die Sehnsucht nach dem endlosen weiten Meer.*
> *Antoine des Saint-Exupèry*

3. Arbeitsmethoden und Arbeitsinstrumente

Gute Software ist eine notwendige aber keine hinreichende Voraussetzung für effektive Projektplanung. Einsatz von Projektmanagementsoftware kostet Geld und Personalaufwand. Kein Einsatz kostet allerdings manchmal mehr. Die Investition in Projektmanagement-Software ist immer dann gerechtfertigt, wenn der Aufwand an zusätzlicher Administration kleiner ist als der Nutzen zusätzlicher Information. Entstandene Kosten sind dabei nicht alleine mit dem Bezahlen der Softwarelizenzen zu kalkulieren. Wie schwer allerdings ein „Return of Investment“ beim Einsatz von Anwendungssoftware zu beziffern ist, haben uns schon die oft vergeblichen Versuche einer Wirtschaftlichkeitsrechnung in den Zeiten der „Büroautomation“ gezeigt.

Ein effizienter Einsatz einer Projektmanagementsoftware ist nur dann möglich, wenn er von der Unternehmensleitung unterstützt und ganzheitlich mit der gleichzeitigen Einführung entsprechender Methoden und Maßnahmen betrachtet wird. Der Einsatz von Projektmanagementsoftware ohne Festlegung der Projektmanagementmethoden macht nur das "alte Chaos“ elektronisch. Eine konsequente Einführung erfordert in der Regel eine Reevaluation der Geschäftsabläufe auch im Sinne der Einführung einer projektorientierten Aufbau- und Ablauforganisation und allen daraus folgenden und dafür notwendigen Maßnahmen, wie Neudefinition der Zuständigkeiten und Festlegung der Arbeits- und Kommunikationsflüsse.

Wesentlich ist eine fortlaufende, durch die höchste Managementebene unterstützte Durchsetzung und Einhaltung dieser Methoden und Maßnahmen.

Ein Einsatz von Projektmanagementsoftware ohne proaktives Engagement des Top-Managements ist von vornherein eine Fehlinvestition.

4. Anwendungssoftware - Evolution oder Revolution?

Allgemein läuft die Entwicklung der Informationstechnologie asynchron zur Entwicklung der Einsatzmethodologie und damit auch asynchron zu der Erwartung und den Ansprüchen der Anwender. Ein gutes Beispiel hierfür ist die Entwicklung der Textverarbeitungssoftware.

Heute wird die Notwendigkeit deren Einsatzes nicht mehr diskutiert.

In den ersten Jahren der „Büroautomation-Revolution“ gefeiert und bestritten, gehört sie heute bereits zum Büroalltag. Durch die Anwendungsjahre hinweg durchlief sie eine durch die Anwenderwünsche gesteuerte Evolution. Ihre Funktionalität deckt heute weitgehend alle denkbaren Einsatzgebiete und -bereiche ab, ohne daß sich die unterschiedlichen Hersteller gegenseitig allzuviel unterscheiden. Dieser Weg erwartet jede Standardsoftware, also auch die Projektmanagementsoftware.

Die Erwartungshaltung an den Einsatz von Projektmanagementsoftware ist heute immer noch weitgehend unrealistisch, auch wenn sie ihren „Erwartungshöhepunkt“ bereits überschritten hat. Über Effizienz des Softwareeinsatzes entscheidet dabei nicht der Stand der Informationstechnologie, sondern der des Managements. Die Auswahl eines bestimmten Softwarepaketes sollte deshalb nicht mehr Zeit und Ressourcen binden, als unbedingt nötig. Es ist immer besser, schnell mit einer „falschen Anwendung“ anzufangen und entsprechend schnell zu lernen, die Projektmanagementmethodologie im Unternehmen ein- und durchzusetzen, als zu lange auf „*die* richtige“ zu warten und darüber die notwendigen Änderungen in den Planungsabläufen zu verschlafen.

Der Einsatz von preiswerten „Einsteigeranwendungen“ ermöglicht eine gründlichere Analyse der Projektmanagementsoftware und deren Anforderungen, als aufwendige theoretische Auswahlverfahren. Allerdings liegen auch die meisten vormals euphorisch gekauften Lizenzen der Projektmanagementsoftware heute in den Büroregalen, wenn deren Einführung und Einsatz nicht unternehmensweit unterstützt wurde.

5. Logische Planungsebenen

Die unterschiedlichen Teile der Planung im Rahmen eines Projektes im Unternehmen kann man in vier logische Ebenen einteilen, je nach der Position und der Funktion des Betrachters oder des Planers im Projekt:

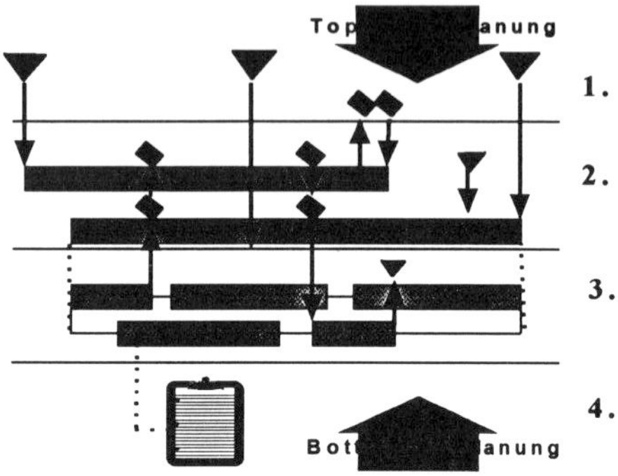

1. Strategische Vorgaben

In der ersten Ebene werden die durch die Auftraggeber oder durch das Management definierten strategischen Entscheidungen und Zielvorgaben als Meilensteine vorgegeben. Typische solche Meilensteine sind z.B. Projektanfang, Projektende, Test-, Freigabe- und Abgabetermine.

2. Multiprojekt-Integration

Die zweite Planungsebene, die Ebene der Multiprojekt-Integration, dient zur Abstimmung und Synchronisation einzelnen Teilprojekte in großen und komplexen Projekten. Die Ergebnisse einzelner Teilprojekte werden als Ausgabemeilensteine ("Deliverables") definiert, die Vorgaben als Eingabemeilensteine ("Prerequisities"). Die Kooperation der Teilprojekte wird durch Meilensteinpaare abgebildet. So kann man Verspätungen und Verzögerungen und deren Entstehungsquelle sehr gut nachvollziehen und durch passende Maßnahmen gegensteuern. Hier werden auch Engpässe in der Verfügbarkeit gemeinsam genutzter Ressourcen identifiziert und deren Auswirkungen auf den Gesamtablauf des Projektes untersucht.

3.Projekt-Netzplan

In der dritten logischen Planungsebene, der Projektebene, werden die konkreten Arbeitspakete, Arbeitsabläufe und Projekttermine in Form von Netzplänen abgebildet. Dabei werden standardisierte Meilensteine für die Qualitätssicherung definiert. Hier werden den Arbeitspaketen Ressourcen zugewiesen und Kosten eingelastet.

4.Aufgabenlisten

In der vierten logischen Planungsebene werden zu den entsprechenden Projektarbeitspaketen detaillierte Aufgaben-, Aktivitäten- und Checklisten spezifiziert.

Die meisten Projektplaner fangen ihre Planung mit dem „intuitiven“ Ansatz, d.h. mit der Erstellung von Aufgaben- ("To-Do"-) und Aktivitätenlisten, an.

Dies entspricht der Planungsart, wie sie oben in der vierten Planungsebene beschrieben wurde. Die meisten Planungswerkzeuge werden somit, auch wenn sie die Funktion der Netzplantechnik bieten, überwiegend nur als "Listeneditoren" in dieser vierten logischen Planungsart verwendet. Die so erstellten Listen können die Form von Balkenplänen haben und mehr oder weniger gut strukturiert sein. Sie vermitteln auf den ersten Blick den Eindruck professioneller Projektplanung. Trotzdem eignen sie sich nicht zum Steuern komplexer Projekte, da die Abläufe und Abhängigkeiten zwischen den Teilprojekten untereinander in der Regel nicht berücksichtigt sind.

Die erste, strategische Ebene ist in der Regel in den Projektverträgen mit entsprechenden Terminvorgaben vertreten.

Die zweite und die dritte Planungsebene werden in der Praxis meistens sträflich vernachlässigt.

6. Führungsorientiertes Projektmanagement

In den letzten Jahren wurden viele Unternehmen mit Hinblick auf ihre Wettbewerbsfähigkeit projektorientiert umorganisiert. Dazu gehören z.B. namhafte Pharmaunternehmen mit ihrer Medikamentenentwicklung, Maschinenbaufirmen und Bauunternehmen mit Auftragsfertigung.

Hierbei werden alle Geschäftsabläufe als unternehmensweite Multiprojekte aufgefaßt und mit Hilfe von Standardmodellen definiert. Mit Hilfe der sogenannten Top-Down Planung über die oben beschriebenen logischen Planungsebenen werden Meilensteine als Instrument für Steuerung und Kommunikation zwischen dem Management und der Produktion definiert. Wesentlich dabei ist das Streben nach Standardisierung sowohl des Ressourceneinsatzes, als auch der Abläufe und Kontrollpunkte für Teilergebnisübergabe zwischen einzelnen Projektarbeitsgruppen für unternehmensweite Qualitätssicherung. Durch Verwendung solcher Standardmodelle können Anforderungen des Marktes flexibel simuliert, Entscheidungen getroffen und laufende Vorhaben bei gleichzeitiger Risikominimierung effektiv gesteuert werden.

Führungsorientiertes Projektmanagement setzt die Schwerpunkte weniger auf die verwalterische Dokumentation und Buchhaltung der Projekte als vielmehr auf die Erkennung der Konfliktsituationen, simulationsunterstützte Entscheidungsvorbereitung und Findung entsprechender Abhilfemaßnahmen.

7. Kommunikationsebenen des Projektleiters

Analog zu den oben beschriebenen Planungsebenen entstehen während der Laufzeit des Projektes unterschiedliche Anforderungen an die Kommunikation unter den Projektbeteiligten.

Die Auftraggeber und das Management müssen global informiert sein, die Berichte sollen dazu dienen, Entscheidungen vorzubereiten und identifizierte Konflikte in Terminen oder im Ressourceneinsatz zu lösen.

Auf der Ebene der Multiprojekt-Integration wird der Schwerpunkt auf die Kommunikation mit den Projektteam-Leitern gelegt. Hier müssen verbindliche Absprachen über die Übergabe der Teilergebnisse zwischen den einzelnen Teilprojekten sowohl bezüglich der Termine als auch bezüglich der erforderlichen Inhalte und der Qualität getroffen werden.

Die Projektteam-Mitglieder brauchen exakte Terminpläne und Einsatzvorgaben, die - wenn möglich - während der Projektsitzung interaktiv diskutiert und angepaßt werden können.

Ein Projektmanagement-Werkzeug für komplexe Projekte sollte diese unterschiedlichen Kommunikationsanforderungen sowohl in grafischer Übersichtsform als auch in detaillierter Listenform abdecken können.

In der Praxis zeigt sich, daß die Standard-Projektmanagementsoftware in der Regel nicht in der Lage ist, allen Anforderungen in der erforderlichen Qualität und Effizienz gerecht zu werden.

Für komplexe Projekte empfiehlt sich deshalb, eine zusätzliche Datenbank, in der alle in der Standardsoftware nicht geführten Informationen gespeichert und verwaltet werden, hinzuzuziehen, wie z.B. Daten zum Risikomanagement, technische Dokumentation, Qualitätsmerkmale u.ä.. Eine solche Datenbank kann mit der Projektdatenbank verknüpft und gemeinsam ausgewertet werden.

8. Projektplanung und Projektsteuerung als Managementaufgabe

Für den Einsatz der Projektmanagementsoftware ist es wesentlich zu definieren, wo deren primäre Ausrichtung liegen soll. Von dieser Einsatzart werden die Erwartungen an die Funktionalität der Projektmanagementsoftware geprägt.

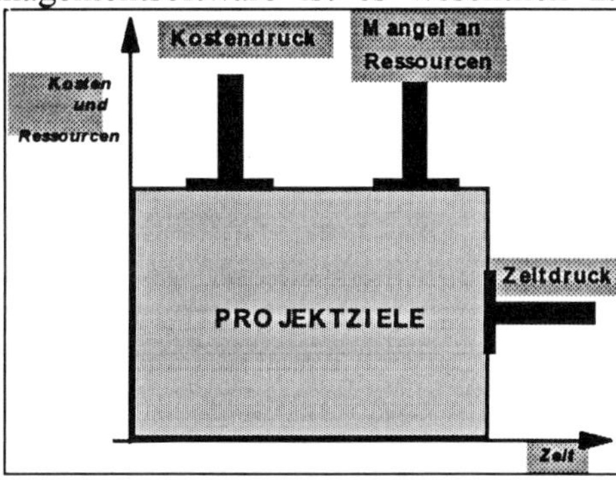

Oft werden an die Projektmanagementsoftware aus einem falschen Verständnis der Projektplanung und -steuerung heraus Anforderungen gestellt, die eher typisch für klassische Personalplanung, Auftragssteuerung oder Produktionssteuerung sind. Hierfür eignet sich in der Regel besser die dafür entwickelte Anwendungssoftware.

Aber auch bei den „echten" Projektplanern kristallisieren sich zwei sehr unterschiedliche Anwendungsstandpunkte: Verwaltung der Projekte versus deren Steuerung.

Bei dem verwaltungsorientierten Einsatz wird vor allem Wert auf genaue Führung und Abrechnung der Leistungen gelegt, meistens unter Berücksichtigung von verwaltungsbedingten Einschränkungen, speziell im Ressourceneinsatz. (Dabei ist zum Beispiel insbesondere die automatische Limitüberwachungsfunktion für den Ressourceneinsatz mit großer Vorsicht einzusetzen, da sie in der heutigen Standardsoftware nur quantitative und keine qualitativen Parameter erkennt und dadurch oft für die Praxis ungeeignete Entscheidungen herbeiführen kann. Beispiel: ein

Bauunternehmen hat einen Kran, der 12 Stunden täglich eingesetzt werden kann. Bei gemeinsamer Ressourcennutzung meldet die Limitüberwachungsfunktion nicht, wenn drei Baustellenleiter den einen Kran auf verschiedenen räumlich beliebig entfernten Baustellen für jeweils 3 Stunden täglich einplanen.) Ein verwaltungsorientiertes Projektmanagement gehört mehr zu den administrativen Sachbearbeiter-aufgaben im Unternehmen.

Bei steuerungsorientiertem Einsatz werden vor allem Engpässe und Konflikte in Termin und im Ressourceneinsatz mehrerer Teilprojekte identifiziert und mit Hilfe von „Was wäre wenn..." Simulation untersucht und für die Entscheidungsfindung ausgewertet. In diesem Sinne gehört das Projektmanagement zu den strategischen Management-aufgaben.

9. Projektmanagement Software *ViewPoint*

Bemühe dich das zu erreichen,
was Dir gefällt,
sonst wirst Du gezwungen sein,
Gefallen daran zu finden,
was Du erreicht hast.
G.B Show

Zielsetzung und Zielgruppe für *ViewPoint*

Die Projektmanagement Software ***ViewPoint*** wurde von Projektmanagern und Beratern für führungsorientiertes Projektmanagement entwickelt .

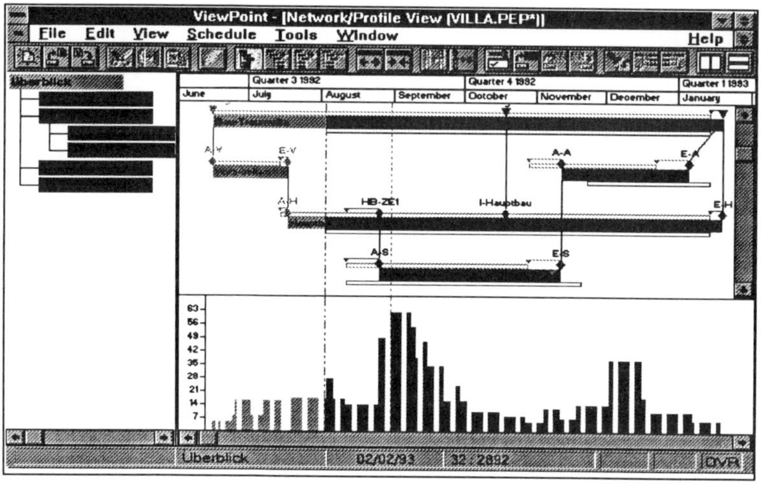

Aufgrund seiner Funktionalität und Kapazität ist ***ViewPoint*** ein leistungsfähiger Projektverwalter mit einer unbegrenzten Anzahl von Unterprojekten, Ressourcen, Verbindungen und Kalendern.

Aufgrund seiner intuitiv verständlichen und komfortablen Benutzeroberfläche ist es ein Managementinstrument für Kommunikation, Entscheidungsfindung und Konfliktlösung mit Hilfe von "was-wäre-wenn" Simulationen.

Die Möglichkeit, alle wiederholt verwendeten Projektobjekte (wie Abläufe, Ressourcengruppen, Budgetcodes oder Teilprojekte) modular zu definieren, zu speichern und bei Bedarf wieder beliebig zusammenzusetzen, macht ***ViewPoint*** zu einem hochwertigen Standardisierungsinstrument.

Die Import- und Export-Schnittstellen (Lotus, dBase, ASCII) und der ODBC Driver ermöglichen den Datenaustausch und die Datenintegration der Projektdatenbanken mit beliebigen Anwendungen und die Einbindung von ***ViewPoint*** Projektmanagement-Daten in das unternehmensweite Informationssystem.

Die Funktionen *Integrieren* und *Verteilen* unterstützen das Workgroup-Konzept der konsolidierten Planung in eigenständigen Projekt-Planungsgruppen in einem beliebigen PC-Netz.

Zielgruppen für *ViewPoint* sind z.B. Berater für komplexe Projekte, Anwender im Bereich Qualitätssicherung und Ablaufoptimierung, multiprojektorientierte Unternehmen mit starkem Schwerpunkt auf Kommunikation, wie Forschung und Entwicklung, Auftragsfertigung, u.ä.. Durch die anschauliche, interaktive, grafische Planungsmethode hat sich *ViewPoint* auch in der Projektmanagement-Schulung bewährt.

10. Unternehmensweite Top-Down Projektstrukturierung

Die einzigartige Top-Down Projektstruktur von ***ViewPoint*** bietet Projektsichten sowohl für die strategische als auch für die operationale Planung und Steuerung von umfangreichen und komplexen Projekten. Durch die auf diese Strukturierung ausgelegte Bildschirmdarstellung ist es möglich, auch in sehr umfangreichen Großprojekten den Überblick zu bewahren.

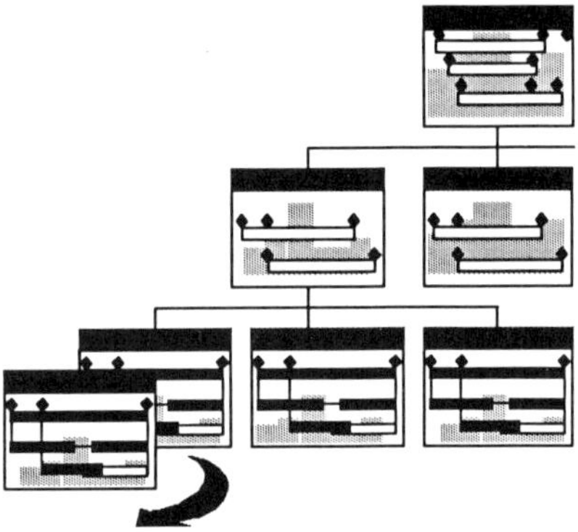

In Anlehnung an die oben beschriebenen logischen Planungsebenen können in ***ViewPoint*** in der Top-Down Planung Managementvorgaben in Form von Meilensteinen und Teilprojektstrukturen definiert, diese mit Detailplanung von Ressourcen und Kosten eingelastet und anschließend Bottom-Up (von der operationalen Planungsebene nach oben in die Steuerungsebene) konsolidiert werden.

11. Verteiltes Projektmanagement als Groupware-Konzept

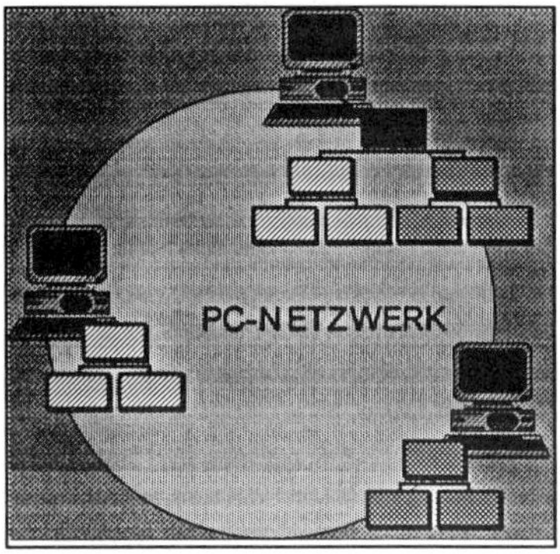

ViewPoint wurde für Projektgruppen entworfen, so sind darin Multiprojekt-Funktionen "Verteilen" und "Integrieren" für verteiltes Projektmanagement mit "Mailbox"-Prinzip enthalten. Diese ermöglichen zentrale Vorgaben und Projektsteuerung, Verteilung der Teilprojekte in vorher definierte Gruppen in einem PC LAN und dezentrale Projektplanung und Projektausführung. Die Funktion "Integrieren" ermöglicht jederzeit zentrale Konsolidierung und Auswertung des Gesamtprojektes aus allen seinen aktuellen Teilprojekten.

12. Matrixorientierte Projektorganisation

Für projektorientierte Unternehmen ermöglicht die Funktionalität von *ViewPoint* eine matrixorientierte Projektorganisation.

Einen Projektleiter interessiert in der Regel der Phasenablauf eines ganzen Projektes, für das er verantwortlich ist (z.B. Auftragsfertigung), vom Entwurf über das Testen bis zur Produktion. Bei einem Abteilungsleiter läuft dagegen immer nur eine bestimmte Phase aller Projekte durch (z.B. Testen aller Auftragsfertigungen).

Durch die Multiprojekt-Funktionen "Verteilen" und "Integrieren" kann jedes komplexe Projekt in seine Teilprojekte zerlegt und unter einer anderen Sicht integriert werden. Dadurch kann man aus den aktuellen Teilprojekten beliebig viele "Sichten" auf das Projekt erstellen. Dies ermöglicht zum Beispiel das Einbetten des Projektmanagements in Linienorganisation. Dabei können die Teilprojekte einmal in einer phasenorientierten Sicht für den Projektleiter und in einer aufgabenorientierten Sicht für die Abteilungsleiter dargestellt werden.

13.Präsentationsfähige Projektgrafik

In der Projektgrafik von ***ViewPoint*** sind alle gängigen Plandarstellungen (wie Netzplan, Balkenplan, PERT u.a.) beinhaltet.

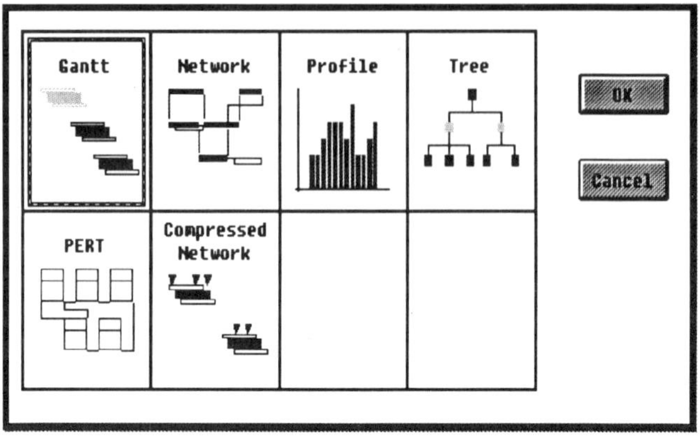

Durch die Eingabe von Textlegenden, Bildern, Logos, und erklärenden Beschriftungen eignet sich die Projektgrafik von ***ViewPoint*** sowohl zum Dokumentieren als auch als Kommunikationsmittel zum Informieren und Präsentieren der Projektdaten. Dabei werden alle grafischen Vorgaben getrennt von den Projektdaten angegeben und gespeichert. In diesen Vorgaben kann die „Corporate Identity" des Unternehmens berücksichtigt und standardisiert verwendet werden.

Die Ausgabe ist an an allen Windows-unterstützten Geräten möglich. Für technische Projekte mit besonderen anwendungsbedingten Anforderungen (z.B. in der Baubranche) ist ein Anschluß an andere Grafiksysteme (z.B. Graneda) möglich.

Prof. Dr. Ulrich Hein
FH Gießen-Friedberg

Inflationsaspekte bei Projektbeurteilungen

1. Einführung

1.1 Projektbeurteilungen

Die Überschrift der Vortragsreihe lautet bekannterweise Projektmanagement. Man könnte sich fragen, was hierbei ein Vortrag über Inflationsaspekte zu suchen hat ? Dazu einige einleitende Überlegungen: Projektmanagement setzt - wie es bereits im Begriff deutlich wird - voraus, daß ein bestimmtes Projekt existiert. Betrachtet man den Bereich der Privatwirtschaft, so kann man in der Regel unterstellen, daß kein Unternehmen ein bestimmtes Projekt in Angriff nimmt, ohne vorher die Wirtschaftlichkeit angeschaut zu haben. Es soll keine nähere Betrachtung oder gar Wertung der verschiedenen Wirtschaftlichkeitsrechnungen, die in der Theorie und in der Praxis vorhanden sind, erfolgen, doch muß oder zumindest sollte bei einer kaufmännischen Beurteilung von Projekten der Opportunitätskostenaspekt[1] berücksichtigt werden. Für unsere Betrachtungen sei es unerheblich mit welchen Mitteln ein Projekt konkret finanziert wird. Dieser Aspekt wurde ja bereits in dem Vortrag über Grundsatzfragen zur Finanzierung im Rahmen von Projekten betrachtet.

Der Opportunitätskostenaspekt - auch im Rahmen von Projektbeurteilungen - stellt dem Investor die Frage, was hätte ich sonst mit meinem Geld anfangen können. Diese Fragestellung hat zur Folge, daß bei den guten Verfahren der Investitionsrechnungen immer ein Zins von entscheidender Bedeutung ist. Egal ob man nach der Kapitalwertmethode oder der Methode des internen Zinsfußes vorgeht, man mißt die Vorteilhaftigkeit des jeweiligen Projektes immer an einer Meßlatte eines vorgegebenen Zinssatzes.

Dieser Zinssatz, in der Form eines aktuellen Kapitalmarktzinses oder eines kalkulatorischen Zinses des Unternehmens, drückt letztlich nichts

---

1 vergl. Schmidt 1993, S. 196 und die dort angegebene Literatur

anderes aus, als die Opportunitätskosten, also die Alternative, zu dem das Unternehmen sein Geld hätte ebenfalls anlegen können. Üblicherweise verlangen die jeweiligen Wirtschaftlichkeitsrechnungen von dem betreffenden Projekt eine Rendite über dieser alternativen Anlagemöglichkeit. Die Bestimmung eines geeigneten Zinssatzes zur Beurteilung der Vorteilhaftigkeit eines Projektes unter Inflationsbedingungen bildet schon ein erstes Problemfeld. Insbesondere in Ländern mit Hochinflation gibt es oftmals keinen Marktzins für Anlagen oder Kredite, die einen lang- oder auch mittelfristigen Zeitraum betreffen. Zumeist findet man hier Zinsvereinbarungen, die an einem Inflationsindex plus einem vereinbarten Auf- oder Abschlag gemessen werden. Ganz praktisch kann man folglich diesen Zins erst nach Ablauf des betreffenden Zeitraumes - ex post - bestimmen. Die Folge ist, daß der zur Projektbeurteilung notwendige Zinssatz, also die Meßlatte, ex ante oft nicht feststellbar ist. Mögliche Lösungsansätze sollen ebenfalls im Rahmen dieses Vortrages behandelt werden.

1.2 Inflationsaspekt

Eine weitere Frage könnte auftauchen, warum werden hier Inflationsaspekte behandelt, wo wir in der Bundesrepublik doch von Inflation weitgehend verschont geblieben sind ? Im Westen hatten wir eine Inflationsrate von 4,2% in 1993 und in den neuen Bundesländern immerhin noch 8,8% (in 1992 sogar 11,2%). Von Hochinflationsländern spricht man üblicherweise, wenn in einem Land die Inflation über drei Jahre addiert 100% übersteigt[2]. Die Betrachtung von Inflation kann für große Konzerne relevant sein, die Auslandsgesellschaften in den bekannten Inflationsländern Südamerikas besitzen, aber doch nicht für mittelständische Unternehmen. Diese Vorstellung hat sich aber meines Erachtens in den letzten Jahren mit dem Umbruch im ehemaligen Ostblock geändert. Viele mittelständische Unternehmen führen diverse Investitionen in diesen Ländern durch oder überlegen sich, noch Investitionen durchzuführen. Dies kann den Aufbau reiner Verkaufsorganisationen oder auch den Aufbau von ganzen Produktionsstätten - aufgrund des niedrigeren Lohnniveaus - betreffen.

---

2 Definition gemäß FASB Statement No. 52

Egal welche Art von Investitionen im Einzelfall in Erwägung gezogen werden, ist hierbei der Inflationsaspekt zu berücksichtigen.

Dies soll an einigen Inflationsraten osteuropäischer Länder verdeutlicht werden. Spitzenreiter ist hierbei Rußland mit etwa 950% Inflation in 1993, gefolgt von Rumänien mit etwas über 250%. Ein weiteres Hochinflationsland ist Polen mit 36,9% Inflation in 1993. An der Schwelle zur Hochinflation bewegen sich Staaten wie Ungarn mit 22,5% und die Tschechische Republik mit 20,8% Inflation in 1993. Die höchste Inflation - nicht Hochinflation (!) - in der Europäischen Union hatte im Jahr 1993 Griechenland mit 14,4%[3]. Das Ergebnis dieses kleinen statistischen Exkurses sollte sein, daß die Berücksichtigung von Inflationsaspekten längst nicht mehr nur ein Anliegen bei Investitionen in Südamerika oder Asien ist, sondern mittlerweile auch bei möglichen Investitionen in unseren östlichen Nachbarländern relevant ist.

1.3 Vorgehensweise und Abgrenzung

Inflation ist ein recht umfassendes Studierfeld. Zum einen könnte man volkswirtschaftlich die möglichen Ursachen der Inflation betrachten[4] oder auch betriebswirtschaftlich die hoch interessanten Fragestellungen der Substanzerhaltungs- und Scheingewinnausschüttungsproblematik bei Nichtberücksichtigung von Inflation im Rahmen einer Nominalwertrechnung[5]. Natürlich muß hier erwähnt werden, daß die grundlegenden Überlegungen zu diesem Gebiet von dem Frankfurter Hochschullehrer Fritz Schmidt mit seiner organischen Bilanztheorie[6] stammen, die durch die Inflation der 20er Jahre in Deutschland geprägt wurde. Diesbezüglich ist eine weitere interessante Frage, warum in fast allen - auch den westeuropäischen - Ländern eine Inflationsanpassung im Rahmen der Rechnungslegung gegebenenfalls erfolgen kann, in der Bundesrepublik jedoch nur das strenge Nominalwertprinzip im HGB verankert ist[7].

---

3 Quelle: Statistikheft Internationaler Währungsfonds, Juni 1994

4 vergl. hierzu Cassel 1992, S. 277ff; Lamperstorfer 1993, S. 359ff.

5 vergl. zu diesem Themenkomplex Ordelheide 1993, S. 240ff.
kritisch dazu Engels 1975, S. 58: „Substanzerhaltung ist kein Unternehmensziel, sondern der Wohlstand der beteiligten Personen ist das Ziel."

6 vergl. Schmidt 1929

7 vergl. hierzu Hein 1988, S. 3ff.

Kommen wir zurück auf das eigentliche Thema. Im folgenden soll dargelegt werden, was man bei einer Projektbeurteilung falsch machen kann, wenn man Inflationsaspekte vernachlässigt. Es soll deutlich werden, daß eine derartige Vorgehensweise auch zu Fehlentscheidungen führen kann. Es soll auf einige Punkte hingewiesen werden, die dringend bei einer Projektbeurteilung unter Inflationsbedingungen beachtet werden sollten, um inflatorisch bedingte Fehlerquellen zu vermeiden.

2. Projektbeurteilung auf Basis inflatorischer Daten

2.1 Ausgangsdaten

An einem Beispiel sollen die möglichen Fehlerquellen bei der Projektbeurteilung auf Basis inflatorischer Ausgangsdaten dargestellt werden. Unterstellt wird ein Projektvorhaben in einem Land mit einer monatlichen Inflationsrate von 3,00%, dies entspricht einer Jahresrate von rund 42,6%, und einem ebenfalls unterstellten Marktzins von 3,25% im Monat, dies entspricht wiederum einem Jahreszins von knapp 46,8%. In unserem Beispiel beträgt somit die Realverzinsung fast exakt 3% pro Jahr. Die Investitionssumme in das betreffende Projekt sei 1.000 Geldeinheiten in der Inflationswährung. Vereinfachungshalber soll das Projekt auf Basis erwarteter Ein- und Auszahlungen beurteilt werden. Maßstab für die Beurteilung der Vorteilhaftigkeit des Projektes sei - wie bereits in der Einführung dargelegt - der Marktzins, also die sichere Alternative, zu der die vorhandenen Geldmittel ebenfalls angelegt werden können. Vernünftigerweise wird man folglich nur ein Projekt in Angriff nehmen, das am Jahresende einen Einzahlungsüberschuß von mindestens 468 Inflationsgeldeinheiten erwirtschaftet.

Die Aussage „mindestens“ ist theoretisch und praktisch damit zu begründen, daß der Investor bei der Realinvestition eine ganz andere Risikoposition eingeht, als er dies vergleichsweise mit einer Geldanlage zu einem relativ sicheren Zins tut.

Dementsprechend wird er zu dem betreffenden Marktzins eine gewisse Risikoprämie einkalkulieren, damit er bereit ist, in das relativ unsichere

Projekt zu investieren[8]. Über Höhe der möglichen Risikoprämie läßt sich vortrefflich streiten - die gleiche Fragestellung ist übrigens in der Festlegung des kalkulatorischen Zinssatzes in der Kostenrechnung eines Unternehmens aufzugreifen. Für unser Beispiel sei die Diskussion mit der Aussage „mindestens" jedoch einmal geklärt.

Für unser Projekt liegen folgende Erwartungsdaten über Ein- und Auszahlungen eines Jahres in der Landeswährung (Inflationsdaten) vor:

Monat	Jan.	Feb.	März	April	Mai
Einzahlungen	103,000	106,090	109,273	112,551	115,927
Auszahlungen	72,100	74,263	76,491	78,786	81,149
Überschuß	30,900	31,827	32,782	33,765	34,778

Monat	Juni	Juli	Aug.	Sep.	Okt.
Einzahlungen	119,405	122,987	126,677	130,477	134,392
Auszahlungen	83,584	86,091	88,674	91,334	94,074
Überschuß	35,822	36,896	38,003	39,143	40,317

Monat	Nov.	Dez.	Summe
Einzahlungen	138,423	142,576	1.461,779
Auszahlungen	96,896	99,803	1.023,245
Überschuß	41,527	42,773	438,534

Wie man deutlich sieht, ist in den monatlichen Werten die Inflation berücksichtigt. Nach der vorliegenden Jahresübersicht des Projektes wird man voraussichtlich am Ende des Jahres einen Einzahlungsüberschuß von knapp 440 Geldeinheiten erwarten. Legt man jetzt die bereits gekennzeichnete Meßlatte „Zins" zu Beurteilung an, so müßte man feststellen, daß sich das Projekt nicht lohnt, da die Alternativanlage zum Marktzins einen sicheren Zinsertrag von fast 470 Geldeinheiten bietet, also mehr Geld und ebenso relativ mehr sicheres Geld als bei dem betrachteten Projekt einer Realinvestition. Ist die Aussage korrekt ?

---

8 vergl. zur Risikotransformation Hax 1993, S. 420

2.2 Verfahren der Summenkorrektur

Nein, da in der bislang vorliegenden Datenreihe und der daraus bislang geschlossenen Bewertung ein elementarer Fehler beinhaltet ist, den man bei Inflationsbedingungen korrigieren muß. Der Fehler liegt in der Addition der jeweiligen Monatsdaten zu einer Jahressumme. Fragen wir uns einmal welchen Aussagewert diese Summe überhaupt hat ? Hier werden die verschiedenen Monatsdaten kumuliert, als wenn keine Inflation herrschen würde. Aber tatsächlich werden hierbei Äpfel und Birnen miteinander verglichen. Der Einzahlungsüberschuß im Januar von 30,900 Geldeinheiten entspricht der Kaufkraft im Januar, der Einzahlungsüberschuß im Dezember von 42,773 Geldeinheiten entspricht der Kaufkraft im Dezember.

Aber welcher Kaufkraft entspricht der kumulierte Einzahlungsüberschuß?

(Im Beispiel die 438,534 Geldeinheiten)

Um eine Aussage bezüglich der Projektbeurteilung zu ermöglichen, muß dieser kumulierte Einzahlungsüberschuß bereinigt werden. Wir wollen im folgenden hierzu zwei Möglichkeiten betrachten. Zum einen können die monatlichen Projektdaten mit der Inflationsrate auf den Betrachtungsendpunkt, also Jahresende, hochindexiert werden. Die Folge hiervon ist, daß die dann kumulierten Werte einer einheitlichen Kaufkraft, der Kaufkraft zum Dezember, entsprechen[9].

In unserem Zahlenbeispiel müssen die betreffenden Einzahlungen und Auszahlungen der jeweiligen Monate mit monatlich 3% auf den Dezember indexiert werden. Eigentlich muß man hierfür gar nicht großartig rechnen. Da in dem Beispiel die einzelnen Monatsdaten real die gleiche Kaufkraft beinhalten, muß die Indexierung immer die Dezemberwerte in die einzelnen Monate einstellen. Interessant ist jedoch die Betrachtung des sich ergebenden Summenwertes für unsere Projektbeurteilung.

---

[9] Dieses Verfahren wird in einigen Staaten für die Erstellung der Gewinn- und Verlustrechnung den Unternehmen vorgeschrieben, z.B. in Mexiko und für börsennotierte Gesellschaften in Brasilien.

Korrektur: Indexierung der Monatswerte auf die Kaufkraft zum Jahresende

Monat	Jan.	Feb.	März	April	Mai
Einzahlungen	142,576	142,576	142,576	142,576	142,576
Auszahlungen	99,803	99,803	99,803	99,803	99,803
Überschuß	42,773	42,773	42,773	42,773	42,773

Monat	Juni	Juli	Aug.	Sep.	Okt.
Einzahlungen	142,576	142,576	142,576	142,576	142,576
Auszahlungen	99,803	99,803	99,803	99,803	99,803
Überschuß	42,773	42,773	42,773	42,773	42,773

Monat	Nov.	Dez.		Summe
Einzahlungen	142,576	142,576		1.710,913
Auszahlungen	99,803	99,803		1.197,639
Überschuß	42,773	42,773		513,274

Die andere Möglichkeit, die Ausgangsdaten zu bereinigen, also aussagefähiger zu gestalten, besteht darin, die Liquiditätsentwicklung aus dem Projekt als Beurteilungskriterium heranzuziehen. Das Ergebnis wird hierbei nicht gravierend von dem Verfahren der Indexierung abweichen. Der Hauptunterschied besteht letztlich darin, daß die freie Liquidität zum Geldmarktzins von 3,25% pro Monat angelegt wird, bei der Indexierung dagegen nur die Inflationsrate von 3% im Monat berücksichtigt wird. Vereinfachungshalber wird für das Zahlenbeispiel unterstellt, daß der erzielte Einzahlungsüberschuß jeweils zu dem vollen Monatszins angelegt werden kann.

Korrektur: Liquiditätsbetrachtung

Monat	Jan.	Feb.	März	April	Mai
Liquidität	0,000	30,900	63,731	98,584	135,554
Überschuß	30,900	31,827	32,782	33,765	34,778
Zinsen	0,000	1,004	2,071	3,204	4,405
	30,900	63,731	98,584	135,553	174,737

Monat	Juni	Juli	Aug.	Sep.	Okt.
Liquidität	174,737	216,238	260,162	306,620	355,728
Überschuß	35,822	36,896	38,003	39,143	40,317
Zinsen	5,679	7,028	8,455	9,965	11,561
	216,238	260,162	306,620	355,728	407,607

Monat	Nov.	Dez.
Liquidität	407,607	462,381
Überschuß	41,527	42,773
Zinsen	13,247	15,027
	462,381	520,182

Nach der Bereinigung der Werte sieht die Beurteilung des Projektes schon anders aus, als dies auf Basis der unkorrigierten Summenwerte den Anschein hatte. Nimmt man wieder als Vergleichsmaßstab die Alternativanlage auf dem Geldmarkt, die ein sicheres Zinseinkommen von rund 468 Geldeinheiten der Projektinvestition gegenüberstellt, so erscheint das Projekt jetzt vorteilhaft zu sein. Mit den korrigierten Werten von 513 bzw. 520 Geldeinheiten erfüllt das Projekt die gestellte Mindestanforderung (Rentabilität).

2.3 Berücksichtigung der Zeitkomponente

Bei einer Projektbeurteilung unter Inflationsbedingungen ist es unbedingt notwendig, die vorliegenden Daten auf ihre Zeitkomponente hin genau zu untersuchen. Betrachten wir dazu das gegebene Zahlenbeispiel. Das Projekt wird durchgeführt, doch stellt man fest, daß die geplanten Einzahlungen nicht mit den tatsächlichen Einzahlungen übereinstimmen.

Die Ursache für diese Abweichung ist, daß in den ursprünglichen Daten zum Beispiel eine **Zahlungszielvereinbarung** gegenüber den Kunden von 60 Tagen nicht berücksichtigt wurde.

Die geplanten Einzahlungen aus dem Projekt erfolgen somit um zwei Monate zeitverzögert, die 103 Geldeinheiten nicht im Januar, sondern erst im März u.s.w. . Die Auszahlungen erfolgen jedoch in den geplanten Monaten und führen somit zu einer Finanzierungslücke, die über Kreditaufnahme zum Geldmarktzins von 3,25% pro Monat gedeckt werden muß.

Liquiditätsbetrachtung unter Berücksichtigung von Zahlungszielen

Monat	Jan.	Feb.	März	April	Mai
Liquidität	0,000	-72,100	-148,706	-127,030	-103,854
Überschuß	-72,100	-74,263	26,509	27,304	28,124
Zinsen	0,000	-2,343	-4,833	-4,128	-3,375
	-72,100	-148,706	-127,030	-103,854	-79,106

Monat	Juni	Juli	Aug.	Sep.	Okt.
Liquidität	-79,106	-52,710	-24,586	5,346	37,173
Überschuß	28,967	29,836	30,731	31,653	32,603
Zinsen	-2,571	-1,713	-0,799	0,174	1,208
	-52,710	-24,586	5,346	37,173	70,984

Monat	Nov.	Dez.
Liquidität	70,984	106,872
Überschuß	33,581	34,588
Zinsen	2,307	3,473
	106,872	144,933

Hätte man die Auswirkungen dieses Zahlungsziels im Rahmen der Projektbeurteilung in den Ausgangsdaten bereits berücksichtigt, wäre das Projekt an der Meßlatte „Alternativertragssatz" gescheitert ! Die Liquidität im Dezember sind jetzt die dargelegten 144,933 Geldeinheiten plus die beiden nachlaufenden Einzahlungen im Januar von 138,423 und in Februar von 142,576 Geldeinheiten. Die beiden noch kommenden Zahlungen müssen aber - entsprechend den Ausführungen bezüglich der einheitlichen Kaufkraft - auf den Zeitpunkt Dezember abdiskontiert werden.

Bei einer Abdiskontierung zum monatlichen Geldmarktsatz ergeben sich somit Beträge von 134,066 bzw. 133,742 Geldeinheiten.

In der Summe erhält man als Vergleichsgröße zu dem sicheren Zinseinkommen der Geldanlage von rund 468 Geldeinheiten folglich 412,741 (144,933 + 134,066 + 133,742). Unter Einbezug dieser beispielhaften Zeitkomponente ist das vorliegende Projekt wiederum nicht als vorteilhaft einzustufen.

Natürlich ist der Einwand gerechtfertigt, daß die Einbeziehung von Zahlungszielen in das Datenmaterial für eine Projektbeurteilung immer zu erfolgen hat, unabhängig davon, ob unter Inflationsbedingungen oder unter Nicht-Inflationsbedingungen. Doch ist die Notwendigkeit, die Zeitkomponenten der vorliegenden Projektdaten genau zu hinterfragen, unter Inflationsaspekten erheblich dringender. Um dies an einem ganz einfachen Beispiel zu verdeutlichen, muß man sich nur einmal vorstellen, man hätte die Existenz von Zahlungszielvereinbarungen bei einer Projektbeurteilung in Deutschland oder Brasilien außer acht gelassen. In Deutschland würde die Finanzierung der entstehenden Deckungslücke etwa 0,5% im Monat kosten, in Brasilien - mit einer Inflationsrate von 20% (und ggf. auch mehr) pro Monat (!) - entsprechend 20% plus irgend einem Aufschlag. In Hochinflationsländern können, sofern dies nicht in den Preisen einkalkuliert ist, zehn Tage Zahlungsziel - egal ob gewährt oder einfach genommen - den Gewinn vernichten.

2.4 Korrekturansätze für die Zeitkomponente

Die Berücksichtigung der Zeitkomponente bei der Projektbeurteilung ist von entscheidender Bedeutung für eine aussagefähige, korrekte Beurteilung. Deswegen sollte derjenige, der ein Projekt auf Basis inflatorischer Landesdaten zu bewerten hat, immer mit der folgenden Fragestellung an das Datenmaterial herangehen:

„ In welchen Angaben stecken möglicherweise antizipierte oder auch unterlassene Inflationsaspekte, die nicht den tatsächlichen Ein- oder Auszahlungszeitpunkten entsprechen ?“

Das wichtigste Element sind natürlich hierbei mögliche Zahlungsziele. Dies gilt ebenso für die Verkaufs- und auch für die Einkaufsseite. Entsprechende Verkaufspreise sowie Einkaufspreise in der Landeswährung sind für die Projektbeurteilung entweder in den tatsächlich anfallenden Zahlungszeitpunkten zu berücksichtigen oder - wenn das Projekt nicht auf Basis von Ein- und Auszahlungen dargestellt werden soll, sondern auf Basis Erträge und Aufwendungen - auf den betreffenden Bezugszeitpunkt zu deflationieren, also abzudiskontieren[10].

In unserem Beispiel würde das bedeuten, daß man bei 60 Tagen Zahlungsziel die im März fällige Einzahlungen von 103 Geldeinheiten bereits im Januar als Ertrag berücksichtigt, aber mit dem Geldmarktzins auf rund 96,6 Geldeinheiten abdiskontiert. Diesen Betrag kann man ebenfalls als Einzahlung im Januar interpretieren, da man die entsprechende Forderung von 103 Geldeinheiten zum Zahlungszeitpunkt März bereits im Januar forfaitieren könnte und somit den abdiskontierten Geldbetrag in der Kasse hätte.

Das Beispiel läßt sich ebenfalls für Zahlungsziele auf der Einkaufsseite übertragen. Nehmen wir an, die 103 Geldeinheiten seien die Auszahlung im März für eine erhaltene Lieferung im Januar. Der abdiskontierte Betrag von 96,6 Geldeinheiten kann genauso als Auszahlung in Januar interpretiert werden, da die Entnahmen dieses Betrages im Januar und die Anlage zum Geldmarktzins über zwei Monate exakt wieder den dann fälligen Betrag im März von 103 Geldeinheiten ergibt.

Entsprechend sind mögliche Projektdaten, die bereits Zahlungen verursachen, die vor dem Zeitpunkt liegen, an welchem diese ausgewiesen werden, entweder in der korrekten Zahlungsperiode aufzuzeigen oder mit dem Geldmarktzins auf den Bezugszeitpunkt zu inflationieren, also aufzudiskontieren. Beispiele hierfür könnten gegebenenfalls Anzahlungen oder Vorauszahlungen sein, die in den Projektdaten erst im Lieferzeitpunkt dargestellt werden.

---

10 vergl. Coopers & Lybrand 1989, S.23

2.5 Zinsproblematik

Wie bereits am Anfang des Referats erwähnt, ist die Bestimmung eines geeigneten Zinssatzes für die Beurteilung der Vorteilhaftigkeit eines Projektes unter Inflationsbedingungen oft schon ein eigener Problembereich. Ganz praktisch wird man zumindest in echten Hochinflationsländern keinen Geldmarktzins für lang- oder auch mittelfristige Zeiträume vorfinden. Eine Zinsvereinbarung, die an einem Inflationsindex gebunden ist und somit erst nach Ablauf der vereinbarten Periode feststeht, ist für eine Projektbeurteilung im heutigen Zeitpunkt ungeeignet.

Es stellt sich somit die Frage, wie man in solch einem Fall vorgehen kann ? Man kann dieses Problem in einem beschränkten Umfang dadurch lösen, daß man eine Projektbeurteilung auf der Basis einer sogenannten Hartwährungsrechnung durchführt[11].

Die Grundidee hierbei läßt sich etwa wie folgt beschreiben. Man versucht, die originären inflatorischen Daten in der betreffenden Landeswährung in eine Hartwährung zu überführen. Als Hartwährung betrachtet man hierfür beispielsweise die DM oder den US-$. In den Inflationsländern Süd- und Mittelamerikas bietet sich natürlich eher der US-$ an, da in diesen Ländern der US-$ sowieso oft als Zweitwährung gilt und somit die Ermittlung der entsprechenden Kursparitäten relativ einfach ist. Dagegen könnte ich mir vorstellen, daß in den benachbarten Ländern des früheren Ostblocks sogar die DM für diesen Zweck besser geeignet ist. An dem Ausgangsbeispiel soll diese Vorgehensweise dargestellt werden.

Im Betrachtungszeitpunkt, also der Projektbeurteilung, sei die Kursparität zwischen beispielsweise dem US-$ und der Inflationswährung 1 zu 1. Die Investitionssumme beträgt dementsprechend 1.000 US-$. Um die Ausgangsdaten des Projektes in Hartwährungsdaten zu überführen, muß der Investor in der Lage sein, eine Schätzung über die künftige Entwicklung des Kursverhältnisses zu erstellen. Dem Investor bleibt hierzu in der Regel nichts anderes übrig, als die erwartete Inflationsentwicklung auf die Kursentwicklung zu übertragen.

---

[11] vergl. Coopers & Lybrand 1989, S. 17

Für das Beispiel werde einmal angenommen, daß Inflations- und Kursentwicklung parallel zueinander verlaufen, also die Landeswährung im Verhältnis der Inflation gegenüber dem US-$ abwertet:

Kursentwicklung US-$ zu Landeswährung

Jan.	Feb.	März	April	Mai	Juni	Juli	Aug.	Sept.	Okt.	Nov.	Dez.
1,030;	1,061;	1,093;	1,126;	1,159;	1,194;	1,230;	1,267;	1,305;	1,344;	1,384;	1,426

jeweils 1 US-$ zu entsprechenden Geldeinheiten der Landeswährung

Hier könnte man eigentlich schon einmal kritisch hinterfragen, welchen Vorteil die Hartwährungsrechnung im Rahmen von Projektbeurteilungen gegenüber einer Rechnung auf inflatorischer Landesbasis haben sollte ? Wenn man - wie dies geschehen muß - den Kurs entsprechend der Inflationserwartung schätzen muß, kann man meines Erachtens auch als Zinssatz einen geplanten Inflationsindex für den Zeitraum nehmen und diesen mit einem Aufschlag für das Investitionsrisiko versehen. In Abhängigkeit davon, ob die Inflation im Rahmen der Erwartungen eintrifft, liegt man mit beiden Verfahren gleich richtig bzw. gleich falsch.

Da die Kursentwicklung exakt der geplanten Inflationsentwicklung entspricht, ergeben die Projektdaten in Hartwährung jeweils monatliche Einzahlungen von 100 US-$, monatliche Auszahlungen von 70 US-$ und einen monatlichen Überschuß von 30 US-$. Der kumulierte Überschuß im Jahr würde nun 360 US-$ betragen.

Es muß aber hier darauf hingewiesen werden, daß auch bei einer Hartwährungsrechnung die Zeitkomponente, also die Frage beispielsweise nach Zahlungszielen, nicht außer acht gelassen werden darf. In solchen Fällen müssen die Daten bereits mit dem Schätzkurs des Monates umgerechnet werden, an dem die Zahlung erfolgt. Wäre in den geplanten Einzahlungen ein Zahlungsziel von 60 Tagen enthalten, so müßte beispielsweise der Betrag von 103 Geldeinheiten Landeswährung nicht mit dem geschätzten US-$ Kurs im Januar, sondern mit dem geschätzten US-$ Kurs im März umgerechnet werden.

Wenn man jetzt mit der Vorstellung von US-$ Werten rechnet, welchen Zinssatz nimmt man, der die Meßlatte bezüglich der Vorteilhaftigkei des Projektes vorgibt ? Eigentlich muß man dann einen entsprechenden Zins für die Hartwährung verwenden. Unterstellen wir einfach einmal einen US-$ Zinssatz von 8% im Jahr. Die Mindestrendite für das Projekt wäre dementsprechend 80 US-$, die vorliegende Hartwährungsrechnung ergibt einen Überschuß von 360 US-$ (geplant). Das Projektergebnis erfüllt jetzt die geforderte Mindestrendite um das 4,5-fache, auf Basis der Beurteilung mit Hilfe eines Landeszinssatzes[12] lediglich um das 1,1-fache. Hier liegt doch offensichtlich ein Widerspruch vor!

Dieser Widerspruch liegt nicht im Datenmaterial: Der ermittelte Liquiditätsüberschuß auf Basis der Landeswährung beträgt rund 520 Geldeinheiten, dieser Betrag zu dem geplanten Kurs im Dezember umgerechnet, ergibt sogar durch den darin enthaltenen Zinseszinseffekt der zwischenzeitlichen Anlage rund 365 US-$.

Die Frage kann also nicht lauten, welche Korrekturen muß man gegebenenfalls am Datenmaterial vornehmen, sondern die Frage lautet: Welche Meßlatte ist unter Inflationsbedingungen besser geeignet, die Vorteilhaftigkeit von Projekten zu beurteilen ?

Diskussionspunkte: Wird das allgemeine Risiko in Inflationsländern besser berücksichtigt durch Inflationszins bzw. Index oder Hartwährungszins? Ist bei einer Renditeforderung auf Basis des Hartwährungszinssatzes (im Beispiel 80 US-$) der Kaufkraftverlust der eingesetzten 1000 US-$ überhaupt einbezogen ? Muß bei einer Hartwährungsbetrachtung nicht noch eine zusätzliche Risikoprämie für das Transferrisiko von Landeswährung in US-$ eingerechnet werden?

---

12 vergl. Punkt 2.2 der Arbeit; Mindestrendite von rund 468 Geldeinheiten und Überschuß bei der Liquiditätsbetrachtung von 520 Geldeinheiten

3. Schlußbemerkung

Das Referat erhebt keinesfalls den Anspruch einer umfassenden Behandlung der Inflationsproblematik bei Projektbeurteilungen. Es sollte vielmehr eine Sensibilisierung für ganz spezielle Fehlerquellen erfolgen, die unter Inflationsbedingungen auftreten können. Insbesondere sollte dargelegt werden,

1) welche Probleme die Wahl eines geeigneten Zinses - als Meßlatte der Vorteilhaftigkeit eines Projektes - bereits beinhaltet,
2) daß eine sinnvolle Projektbeurteilung nur auf Basis bereinigter Daten, also Daten einheitlicher Kaufkraftparität, erfolgen darf und
3) wie wichtig die Berücksichtigung von Zeitkomponenten (z.B. Zahlungszielen) in den Projektdaten ist.

Literaturverzeichnis

Cassel, Dieter: Inflation, in: Vahlens Kompendium der Wirtschafstheorie und Wirtschaftspolitik, Band 1, S. 265-322, hrsg, von Bender, Dieter u.a., München 1992

Coopers & Lybrand: (brochure) Reporting Reality From High-Inflation Countries, New York 1989

Engels, Wolfram: Substanzerhaltung ist kein Ziel, in: Wirtschaftswoche, 29.Jg, 1975, Nr.24, S. 58

Hax, Herbert: Finanzierung, in: Vahlens Kompendium der Betriebswirtschaftslehre, Band 1, S. 397-456, hrsg. von Bitz, Michael u.a., München 1993

Hein, Ulrich: Analyse der Neubewertungsverfahren im belgischen und französischen Bilanzrecht, Frankfurt am Main 1988

Lamperstorfer, Agilolf: Grundlagen zum Verständnis der Volkswirtschaft und Volkswirtschaftslehre, Pfungstadt bei Darmstadt 1993

Ordelheide, Dieter: Externes Rechnungswesen, in: Vahlens Kompendium der Betriebswirtschaftslehre, Band 2, S. 219-314, hrsg. von Bitz, Michael u.a., München 1993

Schmidt, Fritz: Die organische Tageswertbilanz, unveränderter Nachdruck der 3. Auflage von 1929, Wiesbaden o.J.

Schmidt, Reinhard H.: Grundzüge der Investitions- und Finanzierungstheorie, Wiesbaden 1993

Dr. Michael A. Buchmann
Intercultural Management Team

Müssen internationale Projekte an sozio-kulturellen Mißverständnissen scheitern?

Manche Fragen werden gern als rhetorische Fragen gesehen: "Ein bißchen aufpassen muß man schon, um nicht über sozio-kulturelle Mißverständnisse zu stolpern! Aber weil wir das ja tun - beweist das nicht schon unsere Frage? -, haben wir bestimmt nicht viel zu befürchten!" Also kein Grund zur Beunruhigung, oder ?

Natürlich müssen internationale Projekte an sozio-kulturellen Mißverständnissen scheitern.

Dann nämlich, wenn die Projektbeteiligten:

1. unter 'richtigem' (Projekt-)Management Unterschiedliches verstehen und
2. diese Verschiedenartigkeit nicht bemerken oder meinen, ignorieren zu können!

Das konnten wir erst kürzlich beim Versuch eines Zusammengehens von Volvo und Renault beobachten. Beide Firmen sind die führenden Automobilproduzenten ihrer Länder, Schweden und Frankreich. Beide wollten sich über gegenseitige Kapitalbeteiligung zusammenschließen, Management, Fahrzeugentwicklung, Produktion und Marktbearbeitung abstimmen und hofften dabei auf erhebliche Synergiegewinne. Entsprechend groß war das Echo. Man sprach von einer "Elefantenhochzeit".

Bekanntlich endete das Projekt in einem Riesenkrach. Finanzielle Verluste, verlorener Goodwill und beendete Spitzenkarrieren waren die Kosten. Peer Gyllenhammar, der Vorstandsvorsitzende von Volvo und bis dato "Galionsfigur" der schwedischen Wirtschaft, legte sein Amt nieder. Die Verstimmungen unter den Beteiligten reichten bis weit in die Öffentlichkeit hinein, vor allem in Schweden. In der vergangenen Woche konnte man in der Presse zum letzten Akt lesen: Volvo wird sich von seinen Kapitalanteilen an Renault trennen.

Man kann an dieser Stelle schon sagen: Die Unterschiedlichkeit der schwedischen und französischen Kultur, in wichtigen Aspekten nahezu Gegensätzlichkeit, ausgedrückt in Zielen, Vorgehen und Verhalten ihrer Firmenrepräsentanten, spielten beim Scheitern eine Rolle. Das konnten selbst die Gemeinsamkeiten derselben Branche oder die vergleichbare Größe und Bedeutung der beteiligten Firmen nicht ausgleichen. Soweit von außen erkennbar, befaßte sich das Management beider Seiten nicht (genügend) mit dieser Problematik (Fachleute sahen das Problem so kommen !).

1. Das Problem

Sozio-kulturelle Mißverständnisse treten also nicht erst im Kontakt mit "exotischen" Ländern auf. Frankreich und Schweden sind ja zwei technisch, wirtschaftlich, politisch und gesellschaftlich vergleichbar hoch entwickelte europäische Länder. Offenbar ist das Problem schon innerhalb Europas gravierender als den meisten bewußt wird.

Es geht dabei auch weniger um mißverstandenes Brauchtum oder unbekannte Folklore. Ganz handfeste Fragen vielmehr, die sich jedem Projektverantwortlichen stellen, bieten schon Anlaß genug für Mißverständnisse, z.B.:

- "Welchen Zweck verfolgen wir mit unserer Projektplanung?" oder
- "Wen muß ich bei welchen Entscheidungen einbeziehen (ohne jemand Wichtigen zu übergehen)?" oder
- "Wie kann ich Schwierigkeiten im Projekt zur Sprache bringen (ohne vor den Kopf zu stoßen)?"

Denn die Antworten, die auf solche Fragen gefunden werden, können sich von Land zu Land unterscheiden! Dann scheiden sich die Geister schon beim "ganz normalen Projektmanagement", manchmal gar beträchtlich. Hierin liegen dann die Stolpersteine auch für Mißverständnisse. Sie führen öfter zum Scheitern, als Projektverantwortliche sich - und anderen - eingestehen.

Das Spezifische von Projekten erhöht sogar die Risiken. Projekte sind, anders als die laufende Tagesarbeit, durch einige Besonderheiten gekennzeichnet.

Dazu gehören als Prinzip:

- die Einmaligkeit der Tätigkeit und
- markante Eingrenzungen durch
  - das Projektziel,
  - die begrenzten Ressourcen, sowohl personell wie finanziell, materiell und zeitlich,
  - oft auch Struktur und Vorgehen.

  Sie werden in Vorgaben und Planungen festgelegt oder schlagen sich in einer spezifischen Abfolge und Wechselbeziehungen von Aktivitäten nieder.

Gegenüber einem Projekt würden gleichbleibende Aufgaben noch allmähliche Lerngewinne erlauben, bis hin zur Routine. Man könnte anpassen und korrigieren und von mal zu mal besser werden. Ein Projekt aber gibt dazu wenig Möglichkeit (soweit es nicht auch Elemente der Wiederholung enthält). Einfach auszuprobieren, nach der Methode "Versuch und Irrtum" vorzugehen, kommt kaum in Frage (es sei denn, es sei von vornherein als Lernprozess und über Erfahrungen sich rückkoppelnd geplant). Sollte nämlich ein "Versuch" die erforderlichen Resultate nicht erbringen, sind dennoch die Mittel aufgezehrt und die Zeit verstrichen. Budgetüberschreitungen und Nichteinhaltung von Fristen oder gar Nichterreichung von Zielen kann bei Projekten mit "Scheitern" gleichbedeutend sein. (Dagegen könnte man in der Tagesarbeit immer noch sagen: Morgen sind wir besser!) Lernen käme erst wieder dem nächsten Projekt voll zugute.

Verschärft gilt das unter fremden sozio-kulturellen Bedingungen. Viel Zeit zum Erkunden der Besonderheiten, zum Lernen (auch Kennenlernen) bleibt meist nicht. Anpassung über "trial and error" kann gerade im internationalen Projekt kostspielig sein. Unerkannte und verschleppte Mißverständnisse sind es noch mehr. Auch die Übertragung von Erfahrungen, von einmal Gelerntem, aus einem Projektland in das nächste paßt oft nicht und erzeugt statt dessen neue Mißverständnisse.

Noch etwas kommt für Projekte hinzu: Wie Untersuchungen wiederholt gezeigt haben, hängt ihr Erfolg wesentlich schon von einem guten Start ab! Sehr früh werden entscheidende Weichen für Erfolg oder Mißerfolg gestellt.

Das ist leicht erklärlich, denn dazu zählen

- die Personalentscheidungen, also die Auswahl des geeigneten Projektleiters und die Zusammenstellung seines Projektteams,
- die Erarbeitung von Projektstrategie und -plan,
- die möglichst weitgehende Berücksichtigung der für den Projekterfolg wichtigen und dabei schon kritischen Bereiche.

Projekt-Fachleute und -Manager widmen deswegen dem "Projekt-Start" besondere Aufmerksamkeit. Für internationale Projekte heißt das: auch sie sind möglichst früh "richtig auf die Schiene zu setzen", aber das noch auf fremdem Terrain! Es sollte einleuchten, daß es dazu besonderer Kenntnisse und Erfahrungen bedarf.

Leider sieht es mit dem Wissen um die sozio-kulturellen Bedingungen in anderen Ländern oft nicht so gut aus, wie es bei der Schwierigkeit der Aufgabe erforderlich wäre. Die meisten Menschen sind sich schon der ***eigenen*** kulturellen Bedingtheiten nicht genügend bewußt. Wieviel weniger weiß man von den sozio-kulturellen Bedingungen anderer Länder! Viele neigen ohnehin dazu zu meinen, solche Fragen seien für das Wirtschaftsleben doch wohl kaum relevant. Schwierigkeiten in und Scheitern von Projekten - soweit man überhaupt danach fragt - werden darum eher den beteiligten *Personen* angelastet. Bedenklicher noch ist, wenn aufgetretene Probleme mit Vorliebe der *anderen Seite* zugeschrieben werden: "Die waren eben schwierig - man kennt das ja!". Schlimmstenfalls wird auch mal ein eigener Projektleiter gebrandmarkt. Einsichten in die Rolle kultureller Faktoren und "sozio-kultureller Mißverständnisse" stehen vergleichsweise wenig zur Verfügung.

Ein Musterfall, aus der Realität abstrahiert: Im Rahmen eines internationalen Anlageprojekts ist vertraglich vereinbart, die Anlage ABC zum Preis P bis zum Termin T schlüsselfertig zu übergeben. XYZ Fachkraft-Monate an Personaleinsatz der verschiedenen Qualifikationen sind eingerechnet, die diversen Maschinen- und Materialeinsätze auch; das Budget liegt fest. Die Kalkulation kommt auf einen akzeptablen Gewinn.

Nun aber schaukeln sich bei einem der Bauleiter Probleme mit seinem einheimischen Kollegen auf: Wie er selber sagt, akzeptiere der

Einheimische einfach nicht sein schon x-fach bewährtes Know-how in der Erstellung solcher Anlagen.
Zunehmend unter Zeitdruck, müsse er darum selbst immer häufiger dessen einheimischen Untergebenen direkte Anweisungen geben, damit sie wüßten, was zu tun sei. Es entstehen Konflikte, sind auszubügeln, tauchen aber in Varianten wieder neu auf und drücken schließlich die Motivation und Arbeitsleistung des einheimischen Personals. Die befürchtete Situation "Sand im Getriebe" ist da! Es kommt zu Verzögerungen. Es wird sogar die Frage nach einem Personalaustausch gestellt. Wertvolle Zeit geht verloren, die budgetierten Kosten, inklusive der Personalkosten, werden überschritten. Am Ende droht noch eine Konventionalstrafe. Die Anlage wird zwar schließlich übergeben. Aber neben manchem "Good will" ist auch der Gewinn geschmälert, vielleicht verloren. In diesem Sinn ist das Projekt gescheitert. Passiert das einer Firma mehrfach, droht sie gar selbst zu scheitern.

So sind denn "Pleiten, Pech und Pannen" bei manch internationalem Projekt vorprogrammiert. Sie werden im Grunde als besondere Risiken im internationalen Geschäft "abgebucht". Dabei zeigt sich auch hierzulande eine - eigentlich gern "den Asiaten" zugeschriebene und durchaus menschliche - Fähigkeit, das "Gesicht zu wahren" und den Mantel des Schweigens über Fehler zu decken. Man neigt dazu, nicht weiter nachzufragen, und versäumt die Chance, systematisch Erkenntnisse für die weitere internationale Arbeit zu gewinnen.

Um welche Größenordnung es bei internationalen Projekten gehen kann und was auf dem Spiel steht, zeigen zwei Beispiele der jüngeren Zeit:

- Positiv die Errichtung einer Chip-Fabrik durch die US-Firma Intel in Irland, die gerade hinsichtlich der sozio-kulturellen Faktoren sehr bewußt gemanagt und auch gut dokumentiert wurde. Das Personal für den Aufbau und die Produktion der neuen Fabrik wie auch die Beteiligten in der Konzernzentrale und selbst Personen aus dem Umfeld wurden durch Schulungen intensiv auf die Unterschiedlichkeiten der beteiligten Länder und Handelnden vorbereitet. Das rechnete sich: Jeder Tag Verzögerung der Fabrikeröffnung hätte einen Verlust von einer Million US $ bedeutet!
- Anders das Vorhaben eines gemeinsamen Geländewagens von Mercedes mit Mitsubishi: Als man das Projekt nach drei Jahren voller Mühen und Schwierigkeiten aufgab, wurden die bis dahin aufgelaufenen Kosten mit 300 Mio. DM angegeben.

2. Beispiele sozio-kultureller Verschiedenartigkeit

Betrachten wir ein beliebiges Gemeinschaftsprojekt zwischen Deutschen und Franzosen. Es fängt mit der gemeinsamen Planung des Projekts an.

- Ideen werden geäußert, auch ungewöhnliche, und mitunter werden große Visionen skizziert. Wenn wir genauer in die Runde schauen, sehen wir: hier brillieren Franzosen.
- Ideen werden aber auch sofort hinterfragt, analysiert, auf Realisierbarkeit geprüft, kritisiert - und siehe da: hier demonstrieren Deutsche ihre Stärken.
- Bis in die Details wird kontrovers diskutiert, zerpflückt, geplant, gefeilt und gefragt: Wer soll was, wie, mit wem, bis wann machen? - "sonst ist es ja kein 'vernünftiger' Plan!" - immer noch sind die Deutschen nicht zufrieden mit den Antworten und wollen weiter ausarbeiten; dies muß noch geklärt werden und jenes noch geregelt, - damit jeder weiß, was nachher zu tun ist, -
- während mehr und mehr Franzosen frustriert aussteigen, unter sich bleibend kommentieren, oder auch offen Unmut äußern.

Der "Knatsch" kann sehr früh da sein!

Aber die gleichen diskussions- und detailfreudigen Deutschen könnten ihrerseits genervt sein über endlos scheinende Erörterungen und Absprachen unter Dänen, bevor es im Projekt "so richtig losgehen" kann.

In anderer Hinsicht anschaulich für mich war auch ein Projekt zur Rehabilitierung eines großen Seehafens in Afrika, an dessen Beratung der Verfasser mitwirkte. Der Hafen litt unter materiellen und betriebswirtschaftlichen Verlusten; u.a. verschwanden Umschlagsgüter in beträchtlichen Mengen. Eine renommierte Consultingfirma, mit speziellem Know-how in Hafenprojekten, bemühte sich mit einem Team ausgewählter Fachleute. Eine der von ihnen favorisierten Lösungen bestand u.a. darin, im wesentlichen technische Sicherungssysteme auszubauen, Zäune und Sperren weniger durchlässig zu machen, aber auch Sicherheits- und Bewachungspersonal zu verstärken. Leider schien der Schwund aber nicht weniger zu werden. Ratlosigkeit bis zu Erklärungen mit der Unzuverlässigkeit, ja Unehrlichkeit der Einheimischen lagen zunächst nahe.

Wenn solches der einheimischen Seite zu Ohren kommt - viele Kulturen nehmen ohnehin schon Andeutungen feiner auf als wir - werden Lösungen, erst recht gemeinsame, noch schwieriger.

Aufschlußreich waren auch gerade dieser Tage Berichte in verschiedenen Zeitungen über eine Querschnittsanalyse des Ministeriums für Wirtschaftliche Zusammenarbeit. Danach hatte die Deutsche Gesellschaft für Technische Zusammenarbeit (GTZ) bei jedem fünften ihrer Projekte Fehlschläge zu vermelden. Es heißt dazu: "Probleme gab es vor allem bei der Einschätzung des politischen und wirtschaftlichen Umfelds im Empfängerland sowie der Fähigkeiten der Partner. So seien bei 86 Prozent der fehlgeschlagenen Projekte deren Managementkapazität überschätzt und bei 80 Prozent die Rahmenbedingungen zu optimistisch eingeschätzt worden." Die Probleme lagen also wieder scheinbar mehr bei den anderen! *Deren* Managementkapazitäten waren zu niedrig, Fähigkeiten unzureichend, Rahmenbedingungen schlechter als erwartet. Aber *wer* diese Fehleinschätzungen vorgenommen hatte und durch die eigene Brille zu falschen Vorstellungen gekommen war, tritt dabei fast in den Hintergrund.

3. Erklärungen sozio-kultureller Mißverständnisse

Die Erklärungen für solche Mißverständnisse oder Fehlschläge in internationalen Projekten liegen heute weniger im Dunkeln als noch vor 20 Jahren.

- Wir wissen schon immer, daß es *individuelle Differenzen* gibt. Sie können so weit gehen, daß "die Chemie nicht mehr stimmt".
- Daneben kann es durchaus *widrige Umfeldbedingungen* geben oder deren Veränderung und Verschlechterung soweit, bis ein Projekt diese nicht mehr auffangen kann oder unwirtschaftlich wird.
- Aber es können eben auch *sozio-kulturelle Differenzen* bestehen, die eine gemeinsame Linie im Projekt schwierig machen.

Sozio-kulturelle Differenzen meint Unterschiede in Wertvorstellungen, Denk- und Verhaltensmustern, Ritualen und Symbolen zwischen Gruppen, die damit jede für sich eine eigene "Kultur" herausbilden.

Sie werden kennzeichnend für die Gruppe - dieser meist gar nicht bewußt -, an neue Gruppenmitglieder weitergegeben und erleichtern den Zusammenhalt und die Abstimmung innerhalb, unterscheiden sie aber nach außen von anderen Gruppen. Umfangreiche internationale Forschungen, von dem Niederländer Prof. Geert Hofstede vorangetrieben, haben aufgedeckt, wie sich Eigenheiten einer Kultur, bezogen auf verschiedene Länder, recht gut in Meßgrößen erfassen und vergleichen lassen. So entstand das Fachgebiet 'interkulturelles Management'.

Fünf Dimensionen sind es, mit denen man nationale Kulturen und Kulturunterschiede beschreiben und besser verstehen kann. Jede für sich stellt einen sehr komplexen Index dar und steht für eine Fülle von Eigenheiten, die - wiederum in Abstufungen und spezifischen Kombinationen - die Charakteristika eines Landes, ihrer Kultur und darin auch ihrer eigenen Art zu managen, beschreiben.

Vier Dimensionen davon sind in Kurzfassung:

- ***Machtabstand (PDI)***
Das Maß, in dem Mitglieder einer Gesellschaft ungleiche Machtverteilung akzeptieren (von niedrig bis hoch).

- ***Individualismus (IND+)***
Menschen sorgen in erster Linie für sich selbst und für ihre unmittelbaren Familienangehörigen.

Kollektivismus (IND-)
Menschen fühlen sich zur Gruppe gehörig; die Gruppe bietet Schutz im Austausch für Loyalität.

- ***Maskulinität (MAS+)***
Vorherrschende Wertvorstellungen sind Leistung und Erfolg.

Femininität (MAS-)
Vorherrschende Wertvorstellungen sind Fürsorge für andere und Lebensqualität.

- ***Unsicherheitskontrolle (UAI)***
Das Maß des Unbehagens der Mitglieder einer Gesellschaft angesichts unsicherer oder mehrdeutiger Situationen, ausgedrückt in Aggressivität und Emotionalität, in Anpassungsdruck und sicherheitverheißenden Regelungen.

Für etwa 75 Länder liegen mittlerweile Analysen und Länderwerte vor, abgestuft auf Skalen von 1 bis 100, wobei die Untersuchungen durch eine wachsende Zahl auch anderer Studien bestätigt werden.

Nützlich sind diese Beschreibungen in mehrfacher Hinsicht:

- Sie vermitteln einen Eindruck auch und gerade von der "Managementkultur" eines Landes.
- Man kann sich darauf einstellen, was einen typischerweise erwartet. Das heißt natürlich nicht, daß sich jedes Individuum genau so verhält. Es handelt sich schlicht um Wahrscheinlichkeiten (womit u.a. auch Marktforschung über Nachfrageverhalten arbeitet - es ist übrigens bemerkenswert, wie man sich mithilfe dieser Dimensionen z.B. vor einer möglicherweise unpassenden Übertragung einer in einem Land durchaus erfolgreichen Marketingstrategie auf ein anderes Land, eine andere Kultur, bewahren kann).
- Sie erklären Unterschiede. Sie entlasten damit von voreiligen Vorwürfen, der andere manage wohl nicht richtig (nur weil er nicht so managt, wie man es selber gewohnt ist). Es wird vielmehr verständlich, daß der Gegenüber in einem anderen Kontext handelt, und in jenem durchaus "o.k." ist. Jeder verhält sich grundsätzlich vernünftig in seinem Kontext, nämlich gemäß seiner Gruppe, seiner Kultur. Nur: Die Kontexte der verschiedenen Parteien sind eben verschieden. Und das gilt auch für das Managen in Projekten! Management, die Art zu entscheiden, zu führen, zu organisieren, zu besprechen oder zu kritisieren, ist keineswegs so universell einheitlich, wie uns die importierten MBA-Schulen oder Management-Akademien mit ihren Studiengängen glauben machen - ohne es selber anders zu wissen. Wenn man das erst einmal akzeptiert hat, dann kann auf dieser Basis ganz andere Aufmerksamkeit für Unterschiede und auch mehr wechselseitiges Verständnis wachsen. Bei vorher unbegreiflich scheinenden Dissonanzen können solche Erklärungen dann durchaus zu einer deutlichen Entspannung beitragen.
- Schließlich lassen sich die Unterschiede, einmal aufgedeckt und erklärt, miteinander verhandeln, um doch noch zu einem gemeinsamen, erfolgversprechenden Vorgehen zu gelangen.

Aber es ist auch zu sagen: Die Materie bleibt sehr komplex. Die Einführung durch einen Sachverständigen auf diesem Gebiet ist zu empfehlen. Erst recht gilt das, wenn - wie in einem der obigen Beispiele - zum Projekt-Start der Projektplan zu entwickeln und "von Hause aus" unterschiedliches Vorgehen abzustimmen sind. Dabei kann z.B. in einem Workshop eine unparteiische, zwischen zwei Seiten Verständnis herstellende, Moderation viel zur Vermeidung von Mißverständnissen und stattdessen zur Erzeugung von Synergie beitragen.

So kann man erläutern und erklären, daß in Deutschland Projektplanung eine andere Funktion und Gestalt hat als in Frankreich, ja daß selbst die zeitliche Aufteilung zwischen Planungsphase und Implementierungsphase und ihr jeweiliger Gehalt ganz andere sind. Dann verfällt man nicht so leicht in das drohende Mißverständnis: "Die können ja nicht planen! Die fangen gleich an, zu improvisieren! Was für ein Chaos!" oder umgekehrt. "Mon Dieu! Müssen die uns denn immer ihre Vorstellungen aufzwingen, durchorganisiert und geregelt bis zum Letzten!"

Oder es würde klar, daß Macht und zentrale Steuerung in französischen Unternehmen selbstverständlich sind, ja selbst von "Mitarbeitern"(!) (die dort aber nicht einmal so "egalitär" heißen würden) akzeptiert werden, in Schweden dagegen verpönt sind, und man daher dort sehr schnell damit anecken kann. Überspitzt gesagt: Der französische Patron ist gewohnt, alles unter seiner Kontrolle zu haben. Das spüren die Schweden (ob bei Volvo oder außerhalb).

Oder man würde erkennen, daß im afrikanischen Kontext Personalarbeit bei weitem noch nicht durch z.B. Regelungen eines Arbeitsvertrags mit dem einzelnen Angestellten oder Arbeiter erfaßt werden kann. Darüber hinaus entsteht vielmehr eine moralische Verbindung und Verpflichtung, und zwar in beide Richtungen, von seiten des Chefs einschließlich einer Pflicht zu gewisser Fürsorge für den - seinerseits loyalen - Mitarbeiter. Und dieser wiederum ist verpflichtet, zum Unterhalt seiner (weiten) Familie beizutragen. Man stellt also z.B. nicht nur 50 weitere Wachmänner ein, sondern übernimmt - vereinfacht - sozusagen die Versorgung von 50 zusätzlichen Familien.

Je weniger man sich dagegen um das Wohlergehen seiner Mitarbeiter und ihrer Familien kümmert, ein offenes Ohr für ihre Sorgen und akuten Nöte hat und notfalls auch mal helfend einspringt (und solange es gleichzeitig noch keine Sozialleistungen oder ähnliches für Notfälle gibt), um so mehr wird der Mitarbeiter Wege finden (müssen), diese Lücken selbst zu füllen.

So gesehen, erfüllt der afrikanische Wachmann, der etwas durchgehen läßt, seine moralische Pflicht in jener Gesellschaft vielleicht eher als ein Arbeitgeber, der Lohn zahlt und sonst mit "seinen(?) Leuten" nichts mehr zu tun haben will.

Es gibt aber - mit der entsprechenden Kenntnis und Erfahrung - durchaus Wege, aus diesen anderen Erfordernissen einer erfolgreichen Personalführung kein finanzielles Dilemma oder betriebswirtschaftliches Desaster werden zu lassen. Im Gegenteil, darin liegen auch Chancen für enorme Motivation von Mitarbeitern, die dann für "ihren(!) Chef" alles einsetzen.

4. Vermeidungsstrategien für sozio-kulturelle Mißverständnisse

Im wesentlichen kommt es auf drei Schritte an:

1. Das eigene *Bewußtsein* erweitern, die Wahrnehmung schärfen für sozio-kulturelle Unterschiede; mehr Offenheit und Akzeptanz für die nationalen Unterschiede im Projektmanagement:
   Betrachten Sie eigene Erfahrungen aus kritischer Distanz! Wären für dieses Projekt, in dieser Kultur, auch andere Sichtweisen denkbar, andere Verhaltensweisen möglich?
2. *Wissen* aneignen oder Beratung einholen im Fachgebiet "Interkulturelles Management"; lernen darüber, wie in verschiedenen Kulturen unterschiedlich und spezifisch gemanagt wird:
   Ziehen Sie Ihren einheimischen Kollegen zu Rate: Wie machen Sie das normalerweise hier? Suchen Sie sich einen "Kultur-Dolmetscher" und bauen Sie ein Vertrauensverhältnis zu ihm auf. Lassen Sie sich erklären, holen Sie sich Rat und Einschätzungen, lassen Sie vermitteln, wenn nötig.
3. *Verhalten* variieren:
   Seien Sie zum einen zurückhaltender bei "von zu Hause" mitgebrachten Verhaltensmustern und Bewertungen. Eignen Sie sich zum anderen eine größere Bandbreite im eigenen Verhaltensrepertoire an, um diese je nach Kultur angemessen einzusetzen.

Dann nämlich läßt sich unsere Frage 'Müssen internationale Projekte an sozio-kulturellen Mißverständnissen scheitern?' beantworten:

Natürlich nicht!

Literaturauswahl

1) David J. Cleland: The Cultural Ambiance of Project Management - Another Look, in: Project Management Journal, 1988, Nr. 3, S. 49-56.

2) Geert Hofstede: Cultural Dimensions for Project Management, in: Project Management, Tools and Visions, Proceedings of the 7. Internet World Congress 1982, Bd. 2, S. 683-700.

3) Geert Hofstede: Cultures and Organizations, Software of the Mind, Intercultural Cooperation and its Importance for Survival, Harper Collins Publishers, London 1994.

4) Fredric William Swierczek: Culture and conflict in joint ventures in Asia, in: International Journal of Project Management, 1994, Nr. 12, S. 39-47.